税務署を納得させる
エビデンス

──決定的証拠の集め方──

3 相続編

税理士 伊藤俊一 著

ぎょうせい

はじめに

　いま、税務調査は大きな曲がり角にある。

　コロナ禍という未曽有の事態にある中で、税務署はより一層の事務の効率化を図ることはもとより、この非常事態に対応するため、実地による調査よりも、文書による照会やオンライン等による簡易な調査を増やす傾向にある。その際に強力な物証となるのが、客観的な記録として残されている各種資料、すなわちエビデンスである。本書でいう「エビデンス」とは、物証・形跡等に加え「決定的証拠」という意味合いで用いることをご了承願いたい。

　このようなエビデンスを納税者がどのように収集して整理し、税務署にどう呈示すれば、納得させることができるのか、つまり是認を勝ちとることができるのか。本書はこの点について、調査で指摘されやすい主要項目ごとにＱ＆Ａにより解説するものである。

　この際に重要な論拠となるのが、裁決例や判例などの実例と国税内部の情報である。これらの資料を精読することで、税務当局がどのような観点から調査を進めているのか、そしてそれらに対して税理士を含めた納税者側はどのように対応していくべきなのかが自ずと浮彫りにされてくる。その時、口頭による説明はもちろん必要ではあるが、何よりも雄弁に物語るのがエビデンスである。このため、本書では特に重要と思われる書式や雛形についても、紙幅の許すかぎり掲載しているので、ぜひ参考とされたい。

なお、本書は、以下の３巻から成るシリーズの第３巻の相続編である。対象は、相続税全般に及んでいる。ぜひ本書と合わせて、個人編と法人編も参照することで、あらゆる税務調査に対応できるエビデンスのノウハウを会得されたい。

『税務署を納得させるエビデンス　―決定的証拠の集め方―　1 個人編』
『税務署を納得させるエビデンス　―決定的証拠の集め方―　2 法人編』
『税務署を納得させるエビデンス　―決定的証拠の集め方―　3 相続編』

　本書は、エビデンスという観点から税務調査や税務申告を捉えなおすものであり、これまでにない書籍であると自負している。本書が、税務署から是認を勝ちとるための証拠力を上げることに裨益するならば幸いである。

　　令和４年11月

　　　　　　　　　　　　　　　　　　　　　伊藤　俊一

===================== 目　次 =====================

第Ⅰ章

相続・贈与税
に係るエビデンスの考え方

Ⅰ－1　エビデンスの意義

> **Q** 税務調査に対応するためのエビデンスの意義についてその概略を教えてください。

A エビデンスとは、一般的に証拠・物証・形跡等を含めた意味合いとして用いられ、本書における税務上のエビデンスも基本的にはこれと同じ意味で用いることとします。具体的には税務調査等を受けたときに納税者が調査官に提示してその主張を根拠付ける資料のことをいいます。社会通念（＝常識）に従い、広範に捉えます。

なお、本書の全体を通してですが、「質問応答記録書」については本書の趣旨と離れるため触れません。

また、当局との見解の相違が事実認定レベルと法解釈レベルのどちらかという点については、調査の初動時に確認すべき点ですが、本書の趣旨から法解釈レベルに係る論点は極力触れないことをあらかじめお断りしておきます。

【解　説】

　税務調査等に対応するためのエビデンスとは、外部によって作成された外部証拠資料と、本人が作成に関わった（相続の場合、当該相続人が作成に関わった）内部証拠資料とに大別されます。そして、証拠資料は、一般的に内部証拠資料より外部証拠資料のほうが、疎明力が高い、証拠能力が強いといわれます。

　内部証拠資料は証明力に関して納税者自身により作成されるという点で弱いといえますが、当該証拠は、納税者自身の「判断」を主張する手段として活用することができます。そのため、税務調査等における納税者の説明の方法いかんによっては、外部証拠資料より主張力の点では高い場合も十分にあり得ます。すなわち、証拠力としては外部証拠資料のほうが高いことは確かですが、当事者の主張は内部証拠資料のほうで意

思表明をすることができるということです。

　税務調査等において、エビデンスは事実関係を明らかにする手段のひとつです。事実関係に係る説明の点で、納税者側においても、当局においても活用されることになり得ます。納税者が現場の調査に対応する際のエビデンス作成、整理、主張に係る最大のポイントは、当局担当者に対し、「この現場で処分をしたところで、国税不服審判所や裁判所などの係争機関に出れば勝てない可能性が高い」と思わざるを得ないような説得力が十分にある資料を常日頃から用意しておくことです。

　税務調査等の連絡が来てから準備をしても手遅れです。多くの資料はいわゆるバックデイトで作成することは困難であり、また、事実関係や時系列がずれてしまうことが往々にしてあるからです。そこで日頃からエビデンスを整理しておく必要性は極めて高いことになります。

　このように国税不服審判所や裁判所で仮に係争になったとした場合の事実認定に係るレベルと同等のレベルの事実関係の主張・整理が極めて重要となります。そのため、本書では過去の裁決、裁判例や国税情報における「当局の証拠の使い方」を適宜参照しています。何がエビデンスとしての決定打となったかを検証することは実務において必要不可欠です。

　証拠の有無、証明力、自己の主張について、どこまでエビデンスの裏付けをもって立証できるか、上記の資料をも順次検証し、それを用意しておけば、すなわち、これらを実務でそのまま活かせば、当局の調査に十分対応できます。

　一方で、納税者が結果として勝利したとはいえ、それは周辺の関係事実に関しての主張の積み重ねが認められた結果論にすぎないという、厳しい評価もできる裁決・裁判例も少なからずあります。しかし、原則として、証拠がなくても周辺事実の積み重ねを丁寧に説明、主張することで納税者の考え方、主張がいつでも認められるとは限りません。不遜な言い方かもしれませんが、それは少々考えが甘いと言わざるを得ません。エビデンスの事前準備こそが納税者の主張を強める大きな手段のひとつと断言できます。

Ⅰ－2　エビデンスの活用にあたっての基本事項

> **Q** エビデンスの活用にあたっての基本事項を教えてください[1]。

> **A** 本書の性格から最小限の解説にとどめますが、直接証拠と間接証拠、弁論の全趣旨と事実認定などについては最低限押さえておく必要があります。

【解　説】

（1）直接証拠と間接証拠

イ　直接証拠

　　直接証拠とは、法律効果の発生に直接必要な事実（主要事実、要件事実、直接事実）の存否を直接証明する証拠をいいます。

　　例えば、弁済の事実を証明するための受領書や契約締結の事実を証明するための契約書等をいいます。

　　課税要件事実を証明できる証拠という観点からすれば、直接証拠とは課税要件事実を推認することなどを要せず直接に証明できる証拠を指します。

ロ　間接証拠

　　間接事実（主要事実の存否を経験則上推認させる事実）又は補助事実（証拠の信用性に影響を与える事実）の存否に関する証拠です。間接的に主要事実の証明に役立つ証拠をいいます。

　　例えば、貸金返還請求訴訟において、金銭消費貸借契約が締結された事実（主要事実）そのものの事実を借主が否認した場合、当時借主

1　情報　調査に生かす判決情報第89号　令和元年7月　証拠収集の重要性～隠蔽又は仮装の認識を推認するための立証～東京地裁平成25年4月18日判決（国側勝訴・確定）東京国税局課税第一部国税訟務官室、を参照しています。

が金に困っていた事実や借主には他の借金があり当時その借金の弁済をしていた事実は間接事実であり、これらの事実を証明するための証人は間接証拠に当たります。また、証人の証言内容の信頼性を明らかにする補助事実として、証人の記憶力・認識力を明らかにする鑑定なども間接証拠です。

　なお、当局調査においては代表者の聴取内容を記録した聴取書等々はその内容いかんによって上記のいずれかに分類されます。

　課税要件事実を証明できる証拠という観点からすれば、間接証拠とは、課税要件事実を直接証明できないが、間接的に課税要件事実の証明に役立つ証拠を指します。

（2）弁論の全趣旨と事実認定

イ　弁論の全趣旨

　民事訴訟において、証拠調べの結果以外の口頭弁論に現れた一切の資料・状況をいい、当事者・代理人の弁論（陳述）の内容・態度・時期、釈明処分の結果などが含まれます。

ロ　事実認定

　事実認定は、自由心証主義（民事訴訟法247条）の下で、弁論の全趣旨と証拠調べの結果を斟酌して、経験則（経験から帰納的に得られた事物に関する知識や法則であり、一般常識的な経験則から専門科学的知識としての経験則まで、多岐にわたります。）を適用して判断されるものです[2]。

（3）主要事実の認定における直接証拠と間接証拠の位置付け

　訴訟において主要事実（法律効果の発生に直接必要な事実）の認定は、直接証拠のみでされることは少なく、一般的に、間接証拠との総合によってされる場合が多いといえます。

2『新民事訴訟法（第5版）』新堂幸司（弘文堂）『新民事訴訟法講義（第3版）』中野貞一郎ほか（有斐閣）『ステップアップ民事事実認定』土屋文昭ほか（有斐閣）『附帯税の事例研究（第4版）』品川芳宣（財経詳報社）『法律学小辞典（第5版）』高橋和之ほか（有斐閣）『民事訴訟における事実認定』（法曹会）

　間接証拠によって事実を認定する場合は、間接証拠から間接事実を認定した上で、その間接事実に経験則を当てはめて「推認」していく過程が不可欠であるのに対し、直接証拠によって認定する場合は、そのような過程は必要ありません。

　しかし、だからといって、一般論として、直接証拠による認定のほうが心証の程度が高いということになるわけではありません。

　ちなみに、最高裁昭和43年2月1日第一小法廷判決によると、事実認定に用いられる「推認」の用語法は、裁判所が、証拠によって認定された間接事実を総合し経験則を適用して主要事実を認定した場合に通常用いる表現方法であって、証明度において劣る趣旨を示すものではないものとされます。

（4）税務調査における（係争を意識した）事実認定

　税務調査において、係争を意識した資料を作成することは先述のとおりですが、提出された事実（主要事実、間接事実、補助事実）について、当事者がその存否を争った場合、税務調査では税務調査官とのやりとりにおいて、係争では係争機関が事実を認定する必要があります。

　裁判所の場合、訴訟当事者間において争いのない事実に加え、証拠（裁判所が採用した直接証拠、間接証拠）や弁論の全趣旨によって認定事実を確定し、当該事実に法令を適用して判断をしていきます。

　訴訟当事者にとっては、自らにとって有利な事実認定を正当化するに足りる強力な証拠を探索・収集し、それを証拠として裁判所に提出し、その事実の存在について裁判官を説得することが、訴訟を勝訴に導く上で重要となります。

（5）税務調査において当局が意識している証拠資料の収集・保全を行う際に留意していること

　訴訟当事者は、自己にとって有利な事実の存在について、証拠（直接証拠・間接証拠）をもって裁判官を説得することが、訴訟を勝訴に導く上で重要であることから、税務調査に当たっては、係争を見据えた視点

が重要になります。

　また、やみくもに自己に有利な事実（課税要件の充足を肯定する証拠）のみを集めればよいものではなく、自己に不利な事実（課税要件の充足を阻害する証拠）が認められる場合には、当該事実を踏まえてもなお課税を相当とすることができるか否か、慎重に検討を行うことが必要となります。

Ⅰ－3　資産税に係るエビデンスの基本的な考え方

Q 資産税に係るエビデンスの基本的な考え方について教えてください。

A 相続税申告や贈与税申告は、特例適用があった場合はもちろん、非常に多くの資料を当初申告でも添付します。それがエビデンスとして当局調査においても認定されるため、当初申告での添付書類そのものが当局へのエビデンスの提出と同義になることが多いといえます。

　当初申告時では当局審理部をいたずらに混乱させるのを避けるため、添付書類は最小限に、という考え方もあります。原則としては他の税目の申告書と同様、間違いのない確実な資料は当初申告時に添付しますが、少しでも判断に疑義を要するもの、当局として事実認定に持ち込むことが可能と判断できるようなものは、先述のとおり当初申告では添付しないという見極めも大切となります。

【解　説】

　エビデンスとは、一般的に証拠・物証・形跡等を含めた意味合いとして用いられ、本書における税務上のエビデンスも基本的にはこれと同じ意味で用いることとします。具体的には、当局調査を受けたときに調査官に提示して納税者の主張について根拠付ける資料をいいます。

　本書では、相続税や贈与税における税務調査で必要となるエビデンスの考え方に係る基本的な考え方について検証します。ここでは、総論として、相続に限定されず、広く税務上のエビデンスに適宜言及しています。

　税務上のエビデンスは、外部によって作成された外部証拠資料と、本人が作成に関わった内部証拠資料とに大別されます。

　証拠資料は、一般的に内部証拠資料より外部証拠資料のほうが疎明力が高い、証拠能力が強いといわれます。

　一方、内部証拠資料は証明力に関しては弱いとも思えます。しかし、納税者自身の「判断」を主張する道具として考えることもできます。そのため、説明の方法いかんによっては、外部証拠資料より主張力が高い場合も十分にあり得ます。

　すなわち、証拠力としては外部証拠資料のほうが高いかもしれませんが、当事者の主張は内部証拠資料のほうが高いことも往々にしてあることから、一概に外部証拠資料のほうが証拠力として高いとは言いきれないのです。

　税務調査においてエビデンスは事実関係を明らかにする道具の1つです。エビデンスは事実関係に係る説明の点で、納税者側においても当局においても活用されることになり得ます。

　納税者が現場の調査に対応する際のエビデンスの作成、整理、主張に係るポイントとして、当局担当者に対し、この現場で処分をしたところで、国税不服審判所や裁判所など、係争機関では勝てない可能性が高いという十分な説得力ある資料を証拠保全しておくことが重要です。なお、これは他の税目でも考え方は一切同じです。

　これは当局調査の連絡が来てから準備をしても手遅れです。そのためにはエビデンスを日常的に整理しておく必要性は極めて高いことになります。先述のとおり相続税や贈与税の申告においては当初申告時に添付資料が多く求められます。その点、一定程度の証拠保全は申告をする際に必要であるからこそ、必然的に早めに、日常的に準備をすることが大切になります。

　このように国税不服審判所や裁判所で仮に係争になったとした、事実認定に係るレベルと同等のレベルに係る事実関係の主張、整理が極めて重要です。

　過去の裁決、裁判例で何が証拠としての決定打となったかを検証することは実務において必須の知識事項といえるため、下記では、相続税に係る過去の事例を検証していくことにより、実務におけるエビデンスの

作成、整理、事前準備のポイントを確認していきます。ここは総論のため、争点はランダムになります。

（1）エビデンスの検証

　下記の裁決では主に事実関係に係る整理（≒事実認定）のうち、「エビデンスに係るもの」を意図的に抽出して検証しています。

○平成21年10月23日裁決　裁決事例集No.78　114頁（TAINSコードJ78－4－28）

上掲TAINS要旨

　原処分庁は、本件家屋について①平成17年1月以降公共料金の使用実績がないこと、②賃料の支払を確認できないこと及び③請求人の被相続人の母親が死亡してからは貸しておらず空家であり、本件相続開始日において貸していない旨の原処分庁の調査担当者に対する申述をもって、賃貸されていたとは認められない旨主張する。

　しかしながら、仮に賃借人が電気、ガス、水道を使用していなかったとしても、不在により使用がなかったにすぎず、本件家屋が賃貸借の目的となっていない理由とはならず、また、賃料の支払を確認できないことについては、確かに、平成10年1月以降支払われていないことが認められるが、被相続人が賃借人に対し借地借家法第26条第1項及び第27条第1項に規定する解約の申入れをした事実は認められず、（・・・中略・・・）家賃が未払になった後も賃貸借契約は継続していたというべきである。（・・・中略・・・）賃借人が平成9年7月以降平成21年4月ころまでの間も本件家屋に荷物を置いて同所を占有していたこと、賃借人が父親の死亡後に被相続人から本件家屋を賃借したものであり、請求人も平成21年4月ころ、賃借人から残置家財の放棄承諾書の送付を受けるなど同人の適法な占有を前提とする行為をもしていることと整合せず、本件家屋が本件相続開始日において賃貸の用に供されていないことを裏付けるに足りるものとはいえない。したがって、（・・・中略・・・）本件家屋は相続開始日において賃貸借の目的となっている貸家であると認められる。

　当該事案に係る納税者が主張し、納税者の主張が認められた事実認定における疎明資料のポイントとして、

①　契約書はなかったが、賃貸借契約の存在が推認されたこと

②　本件相続開始日に当該家財等の処分に関する書面が相続人との間で交わされており、貸家契約が継続されていたことが推認されたこと

が挙げられます。契約書という原始証拠について存在は必然であることは当然として、その後は実態確認になります。換言すれば、当初契約書がそもそも存在していない、ということであれば、実態確認に及ぶこともなかった可能性があります。

　入居者が高齢になり、突然入院、その後施設に入り以後退院することがない場合、入居者の家財等が当該家屋を占有している等々、貸家契約が継続されているとされます。

　しかし、この疎明は、

・契約の存在、と

・それが解約されていないことの客観的証明

は必ず必要となり、それに係る疎明資料は必須の準備事項といえます。

○平成20年３月28日裁決　裁決事例集No.75　508頁（TAINSコードJ75－４－30）

上掲TAINS要旨

　遺産分割は、被相続人が遺言で禁じた場合を除く外、何時でも、その協議で行うことができるところ、仮に、遺産分割調停申立て前までに共同相続人間で相続に係る遺産分割が成立していないとすれば、請求人は、相続の開始及び相続不動産の存在を了知しており、かつ、兄が本件被相続人の遺産のすべてを事実上取得していることにつき不満を有していたのであるから、例えば、姉が兄に対し相続財産である別件土地の所有権移転を要求した時などに共同相続人の間で協議による分割請求を行うのが合理的な行動であると考えられるのにもかかわらず、請求人は、姉から一緒に兄に対し一緒に財産分けの要求をしないかと相談されたもののこれを断るほか、別件土地の所有権移転がなされた事実を確認した後、

共同相続人間で何らの協議もしないまま、当該調停の申立てを行うなどの行動をとっている。

　これに加え、①共同相続人は、相続不動産のほとんどが農地であったために、農業を引き継ぐ長男である兄がすべての農地を含めて遺産を相続するものと認識しており、これは、被相続人の死亡の際には、生前に分与された残りの財産をすべて跡取りが相続するのが建前であったとされる本件相続開始当時における農家相続の実態調査等の結果にも合致するものであると認められること、②相続不動産の一部が兄により売却され、請求人が現金の分与がないことに不満を持っていたにもかかわらず、その売却代金の帰属につき何らの異議も申し立てていないこと、③相続開始後調停に基づく相続登記までの経過年数が41年11か月であるにもかかわらず、その間に一度も遺産の分割請求がなされないことは極めて不自然であると考えられることなどに照らせば、調停によって相続に係る遺産分割が成立したものとは認められず、かえって、遅くとも別件土地についての所有権移転の要求が姉から兄に対してなされた時までには、共同相続人間においては、相続不動産のすべてについて、兄が単独で相続することにつき黙示の合意があったと推認することができるというべきであるから、本件土地の所有権は、相続登記がなされているものの、請求人が兄から贈与により取得したものと認めるのが相当である（以下、省略）。

　本件は遺産分割協議を実施しないまま、相続開始から約40年経過してしまい財産を取得していない状態にあり、ようやく調停になって相続財産のうち土地を取得し、相続財産のうち土地を取得し所有権移転登記も行ったのだが、当該土地が調停成立の直前に公共事業用地として買収予定価格が示されていたため、財産評価基本通達方式で評価してよいのか、といった事案です。

　当該事案について納税者が主張し、それが認められた事実に係る関係整理における疎明資料のポイントとして、

・約40年間にわたり遺産分割協議を全く行わなかった事実が結果とし

てどのように判断されたか

ということにあります。なお、後段の総則6項については評価の論点でここでは詳細を割愛します（上掲、「以下、省略」部分）。

さて、審判所の判断では「遅くとも別件土地についての所有権移転の要求が姉Jから兄Hに対してなされた時までには、本件相続不動産のすべては、共同相続人全員の黙示の合意の下で、兄Hが単独で相続したものと認めるのが相当であるから、本件土地は、本件新相続登記がなされているものの、請求人が兄Hから贈与により取得したものと認めるのが相当」としています。

こういった事案を避けるために、

・遺産分割協議において、十分な財産を取得できていない場合、共同相続人に対し分割請求を行うなど異議を申し立てておく必要があります。

・そして、それがなければ、分割において黙示の合意があったと判断される恐れがあります。

すなわち、

・異議申立てに係るエビデンスが必要

であったということです。

○平成23年3月7日裁決　裁決事例集No.82　（TAINSコードJ82－4－13)

　上掲TAINS　ポイント及び要旨

（ポイント）

「この事例は、被相続人の遺言書に「不動産以外の財産は請求人及び二男に相続させる。ただし、預貯金等で私の名義になっていないものはそれぞれその名義人の所有である」旨記載されていたことから、このただし書の解釈が問題となったものである。」とある。

次に裁決要旨として、

「原処分庁は、本件遺言書記載の各相続人名義の預貯金等（本件預貯金等）が、本件相続開始日現在では請求人によって換金されて現金とし

て保管されていたという事実の下、本件遺言書は、不動産以外の財産については、請求人及び二男に相続させることを原則とする趣旨であると解される旨主張する。

　しかしながら、本件遺言書第4項ただし書には、預貯金等で本件被相続人名義になっていないものは、各名義人の所有である旨記載されているところ、①当該記載及び追加遺言書に「三女がこのお金をおろす時は」と記載されていることからすると、本件被相続人は、本件預貯金等については、各名義人以外の者がこれを換金することは予定しておらず、本件相続開始日まで本件預貯金等がそのまま維持されていることを想定していたものと認められること、②本件預貯金等は、本件被相続人が亡夫から相続したものであり、本件被相続人の意思で各人名義の預貯金等としたものであること、③本件預貯金等の換金は請求人が行ったことであり、本件被相続人は当該換金の事実を知らなかったことを併せかんがみれば、本件遺言書第4項ただし書は、同書作成時に本件被相続人が各人名義で預貯金等としていたものは、換金のいかんにかかわらず、これを各名義人に遺贈する趣旨であると認めるのが相当である。」とあります。

　本件では納税者が、本件被相続人の預貯金等について本件被相続人の承諾なしに解約・処分しています。しかし換金された現金をそのまま保管していたため被相続人が各名義人に遺贈するという意思の立証に結びついています。

　相続人が被相続人の預貯金等に承諾なしに処分した場合、贈与認定されるのが通常です。しかし、本件では、上掲のとおり、解約した請求人が換金した現金をそのまま保管していたことが遺贈認定されたわけです。

　ここで、仮に、納税者が換金した現金の一部を費消していたとすると遺贈ではなく納税者に対する贈与等認定がなされていたことは間違いないでしょう。被相続人の財産の処分は本人の意思に従って行うべきで、

　・当該「本人の意思」を疎明資料として証拠に残し、財産の帰属を明確にすること

が必ず必要となります。

　なお、遺言の解釈は、遺言書に記載された文言をどう解するかの問題であり、その意味で、遺言書を離れて遺言者の真意を探求することは許されないものとされます。

　最高裁昭和58年3月18日第二小法廷判決によると、「遺言の解釈に当たっては、遺言書の文言を形式的に判断するだけではなく、遺言者の真意を探究すべきものであり、遺言書が多数の条項からなる場合にそのうちの特定の条項を解釈するに当たっても、単に遺言書の中から当該条項のみを他から切り離して抽出しその文言を形式的に解釈するだけでは十分ではなく、遺言書の全記載との関連、遺言書作成当時の事情及び遺言者の置かれていた状況などを考慮して遺言者の真意を探究し当該条項の趣旨を確定すべきである」とあります。

　審判所の判断では「本件遺言書第4項ただし書は、預貯金等で本件被相続人名義になっていないものは、それぞれの名義人の所有である旨記載されていること、追加遺言書に『『Gがこのお金をおろす時は』と記載されていることから、本件被相続人は、預貯金等については、各名義人以外の者がこれを換金することは予定しておらず、本件相続の開始日まで本件預貯金等がそのまま維持されていることを想定していたものと認められる。」とし、また「本件預貯金等は、請求人及びEらの相続放棄により本件被相続人が単独で相続した亡Hの資産であり、本件被相続人の意思で各人名義の預貯金等としたこと及び本件被相続人は、請求人による本件預貯金等の換金の事実を知らなかったことを併せかんがみれば、本件遺言書第4項ただし書は、本件遺言書作成時に本件被相続人が各人名義で預貯金等としていたものは、換金のいかんにかかわらず、これを各名義人に遺贈するという趣旨であると認めるのが相当である。」として、本件被相続人の真意を合理的に解釈したものといえます。

　しかし、そもそも「本人の意思」により財産の帰属を明確にしている疎明資料があれば、問題にならなかった事案といえます。

　上記の裁決は全て納税者が勝利したものを意図的にセレクトしています。証拠の有無、証明力、自己の主張について、どこまで証拠の裏付け

をもって立証できるか、これが上掲の裁決で納税者が勝利したポイント
として共通していえることと考えられ、それに係る実際の事案を検証し
ています。

　そして、これを実務でそのまま生かせば、当局の調査に十分対応しう
る「可能性もあります」。

　一方、納税者が結果として勝利したとはいえ、それは周辺の関係事実
に関しての主張の積み重ねが認められた結果論という、厳しい評価もで
きます。証拠がなくても周辺事実の積み重ねを丁寧に説明、主張するこ
とで納税者の考え方、主張がいつでも認められるとは決して考えてはな
らないことです。不遜な物言いですが、それでは考えが甘いものと思わ
れます。エビデンスの事前準備こそが納税者の主張を強める大きな効果
の一つと断言できます。

Ⅰ－4　相続・贈与税に係るエビデンスと実務対応についての基本的考え方

> **Q** 相続・贈与税に係るエビデンスと実務対応についての基本的な考え方を教えてください。

> **A** 先述のとおり、相続税申告や贈与税申告は特例適用があった場合はもちろん、非常に多くの資料を当初申告でも添付します。それがエビデンスとして当局調査においても認定されるため、当初申告での添付書類そのものが当局へのエビデンスの提出と同義になることが多いといえます。

【解　説】

　申告にあたり各種原始資料を納税者にリクエストします。それらがそのままエビデンスになります。下記では相続税申告を例にしています。

【相続税申告に際して必要な情報の一覧表】

項　目	備　考				
被相続人の氏名	（ふりがな）				
被相続人の生年月日		年	月	日	
被相続人の住所					
相続開始の日	令和	年	月	日（	曜日）
相続税の期限内申告期限	令和	年	月	日（	曜日）
所得税準確定申告の期限	令和	年	月	日（	曜日）
相続の放棄の期限	令和	年	月	日（	曜日）
遺言書の有無					
遺産分割協議の目安					
被相続人の死亡場所					
被相続人の死亡原因					
その他参考事項					

【相続税申告に必要な資料】

土地（借地権を含む）

資料名	要否	備考
不動産登記簿謄本・公図		
固定資産税評価証明書・名寄帳		
地積測量図面		
賃貸借契約書		
売買契約書		
土地の無償返還に関する届出書		
その他参考資料		

建物

資料名	要否	備考
不動産登記簿謄本・建物図面		
固定資産税評価証明書・名寄帳		
賃貸借契約書		
売買契約書		
工事請負契約書		
その他参考資料		

（参照）

　生前に下記のようなフォームを作成しておくと申告時にミスを防ぐことができます。

【権利証等目録表】

番号	書類名	記録日	建物	土地	備考欄
xx1	○○○○○証	20xx.xx.xx	×××	×××	
xx2	△△△△△書	20yy.yy.yy	×××	×××	

【一件別資料一覧表】

物件名　○○○○○○○（物件管理No.xx1）

作成日20××年××月××日

作成者□□□□

番号	記録日	書類名	発行者	備考欄
xx1	xx.xx.xx	○○○○○○証	㈱○○	
xx2	yy.yy.yy	○○○○○○書	Ａ司法書士	

【一件別管理総括台帳表】

物件名　○○○○○○○（管理No.xx1）

作成日20××年××月××日

作成者□□□□

種類	建物　借地権
地番	××－××－××
面積	建物　xxx㎡　土地　yyy㎡
取得価額	xx,xxx,xxx円
取得日	20××年××月××日
備考欄	

【不動産管理表】

不動産管理ファイル(管理No.xx1)

物件名	○○○○○○	
物件管理番号	xxx1	
権利者	建物	××××
	土地(借地権)	××××
所有者	建物	××××
	土地(借地権)	××××
備考欄	建物及び土地に共有者はいない。	

【物件一覧表】

物件管理番号	物件名	取得価額	取得日	備考欄
xx1	○○○○○	xxx,xxx,xxx	yy.yy.yy	×××××
xx2	○○○○○	xx,xxx,xxx	zz.zz.zz	×××××

（参照）

　被相続人が事業、不動産賃貸業を営んでいた場合、根抵当権を設定して借入金がある時には、根抵当権に係る債務者を相続開始後6か月以内に確定し変更登記する必要があります（民法398の8④）。変更登記なき場合、根抵当権に係る元本が確定しますので抵当権になります。

【有価証券（取引相場のない株式を評価する場合）】

資料名	要否	備考
法人税申告書(修正申告書を含む) ※直近3事業年度分		
決算報告書(B／S、P／L等) ※直近3事業年度分		
勘定科目内訳明細書 ※直近3事業年度分		
株主名簿又は株主リスト		
定款		
商業登記簿謄本		
会社概要が判明する資料 ※パンフレット、ホームページの写し等		
不動産を所有している場合 ・不動産の登記簿謄本 ・不動産の固定資産税評価明細書等		
その他必要な資料		

【現金・貯金・預金等】

資料名		要否	備考
現金	相続開始時の被相続人の手許現金残高 　金〇,〇〇〇,〇〇〇円		
預金	ゆうちょ銀行（普通・定期） 　口座番号××××××× 〇〇銀行〇〇支店（普通・定期） 　口座番号××××××× 〇〇銀行〇〇支店（普通・定期） 　口座番号××××××× 〇〇銀行〇〇支店（普通・定期） 　口座番号××××××× 〇〇銀行〇〇支店（普通・定期） 　口座番号×××××××		
	預金・貯金の残高証明書		
	預金・貯金の通帳 ・被相続人名義の通帳 ・被相続人の家族名義の通帳（名義預金）		
	その他の参考資料		

（参照）

　証拠保全の観点において、

・預金通帳は古いものでも捨てない

・大きい入出金については、通帳へのメモ、日記、手帳等で必ず過去のものは生前にヒアリング、これからのものは記載

・大きい入出金について、第三者との取引である場合、契約書等関係書類全部

・名義預金（詳細は後述）

　→贈与契約書、確定日付、金額が多額になる場合公正証書

　→決定的な証拠にならないが贈与税申告書（※平成19年6月26日非公開裁決）、及び納付書、さらに納付した通帳

　→通帳、証書、印鑑（印章）保管、及び金融機関出入りは本人（受贈者）が必ずすること

→利息の授受、住所変更各種手続きは本人（受贈者）が行うこと
・不明出金については生前に必ず確認、メモに残す、本人（被相続人）
の日記、手帳などでも可

【有価証券】

	資料名	要否	備考
上場株式	証券会社の残高証明書		
	株式配当金通知書		
	株主総会議決権行使書		
	株式の売買計算明細書		
公社債・投資信託等	証券会社の残高証明書		

（参照）
証拠保全の観点において、
・名義財産については上掲と同様
　下記のものはネット上で完結するものが多いため、そもそも全体像の把握が困難であるもの
　（共通で）残高証明書、目論見書、説明書等々が手元に残っているか確認が必要
・仕組債
　証券会社照合…残高証明書を証券会社から入手する。その際、残高証明書の参考価格で相続財産評価するケースもある。
・暗号資産
　当該取扱い業者明細照合…ネット上でしか現時点の残高が照合できない業者もあれば、大手業者のように1年に1回（確定申告時期）紙ベースの残高（損益）がわかる明細が送付される場合がある。それが手掛かりになる。

・ファンドラップ

　　ラップ口座を開く場合、主としてお付き合いをしている金融機関が
ほとんど。金融機関の各種通帳を収集できれば、個別に照合できる。

・外貨建金融商品

　　ラップ口座と同様。メイン銀行で開設している場合がほとんど。な
お、外国税額控除適用有無については過年度確定申告書を確認。

・投資性格の保険商品

　　外貨建変額個人年金等については保険証券を確認する。なお評価は
課税時期の解約返戻金相当額になる。

【その他の資産】

項目	資料名	要否	備考
貸付金	金銭消費貸借契約書		
電話加入権	証明書		
自家用車	車検証の写し		
家庭用動産			
絵画・骨董品	鑑定証明書		

（参照）

　精通者意見価格が必要なものは複数の業者の見積りをとっておくべき
です。

【その他金融資産等】

	資料名	要否	備考
中期国債ファンド・MMF等	証券会社等の残高証明書		
	売買計算明細書		
金投資口座	証券会社等の残高証明書		
	売買計算明細書		
ゴルフ会員権	ゴルフ会員権のコピー		
	預託金預入額が判明する書類		
	ゴルフ倶楽部の規約等		

（参照）

　ゴルフ会員権がそもそも存在するかについては下記のようなものが発見できれば追跡できます。

【ゴルフ場の領収書】

ご利用明細書

○○カントリー倶楽部　　　　　　　　　　　　20××年××月××日

ホルダー番号　　　xx-xxx1

ご芳名　　　　　　　　様

項目	数量	単価	金額
グリーンプレーフィー	1		10,000
ゴルフ場利用税	1		1,200
貸しボール	5	300	1,500
キャディフィー	1		5,000
1　名様		合計	17,700

xxxxxx9　　　領収書　　　　　　　　　　20××年××月××日

_____様

¥17,700−

うち消費税　　　　　○円

うちゴルフ場利用税　○円　　上記金額を正に領収致しました。

印紙税申告
納付につき
○○税務署
承認済み

　　　　○○カントリー倶楽部

　　　　株式会社○○○○

　　　　　　　〒xxx-xxxx　○○県○○市○○町××× ○○カントリークラブ之印

　　　　　　　TEL xxxx-xx-xxxx

　　　　　　　FAX yyyy-yy-yyyy

【生命保険金等・退職手当金等】

生命保険金等

項目	資料名	要否	備考
保険事故発生分	保険証券のコピー		
【保険料負担者＝被相続人かつ	保険金の支払調書		
被保険者＝被相続人の契約分】			
保険事故未発生分	保険証券のコピー		
【保険料負担者＝被相続人かつ	解約返戻金の証明書		
被保険者≠被相続人の契約分】			

退職手当金等

項目	資料名	要否	備考
自社分	退職金支給規程		
	退職金支払調書		
	株主総会議事録、取締役会議事録の写し		
他社分	退職金支払調書		

（参照）相続税申告にあたってのかんぽ生命保険会社への照会

　相続税申告にあたり、必要資料準備として、かんぽ生命保険（簡易生命保険）については、所定の委任状に「解約返戻金額・現存確認依頼書等の証明書発行依頼書」に必要事項を記載してサービスセンターに請求します。

　その際、「過去10年分の取引履歴（契約の加入・解約等）についても併せて証明願います。」と記載しておくと回答がもらえます。もちろん無料です。

　これにより、過去10年間の保険金の満期などの受取状況などが把握できます。

　契約者と保険料負担者が同一で、保険の満期や解約の際に契約者以外の者が保険金を受け取っている場合には、契約者から保険金受取人へのみなし贈与が生じています。

　そして、当該日が相続発生日から3年以内[3]である場合には生前贈与加算の対象になります。

【債務・葬式費用関係】

債務・葬式費用関係

		資料名	要否	備考
債務	借入債務	金銭消費貸借契約書等		
		借入金残高証明書		
		利息計算書		
		返済予定表		
	未払いの租税公課等	所得税納付書		
		住民税納付書		
		固定資産税納付書		
	未払いの医療費	医療費の請求明細書		
葬式費用	葬式関係の出費の明細を記録した資料			
	香典帳、弔電の記録			
	通夜・葬儀の参加者一覧表			

3　令和5年度税制改正大綱を確認しておいてください。

【その他の資料等】

その他の資料等

資料名		要否	備考
被相続人の生前の税金に関する資料	被相続人の生前の所得税確定申告書、消費税確定申告書等		
被相続人が生前に相続人等に暦年贈与をしていた場合の暦年贈与に関する資料	受贈者(相続人等)ごとの贈与税申告書		
被相続人が生前に相続人等に相続時精算課税の適用対象となる贈与をしていた場合の相続時精算課税に係る贈与に関する資料	受贈者(相続人等)ごとの贈与税申告書		
過去に被相続人が相続等により財産を取得していた場合	過去に被相続人が提出した相続税申告書		
過去に被相続人が贈与により財産を取得していた場合	過去に被相続人が提出した贈与税申告書		

【相続関係者の戸籍・住民票】

相続関係者の戸籍・住民票

資料名	要否	備考
被相続人の除籍謄本		
被相続人の改製原戸籍謄本		
被相続人の住民票の除票		
被相続人の遺言書		
被相続人の死亡診断書		
被相続人の経歴書		
相続人全員の戸籍謄本		
相続人全員の住民票		
相続人全員の印鑑証明書		

【戸籍の記入例（現戸籍）】

（1の1）　　全部事項証明

本　籍	東京都○○区○○町××番地
氏　名	○○○○
戸籍事項 　転　籍	【転籍日】平成○○年○月○日
	【従前本籍】東京都○○区○○町××番地
戸籍に記録されている者	
	【名】○○
	【生年月日】平成○○年○月○日【配偶者区分】夫
	【父】○○○○
	【母】○○○○
	【続柄】長男
身分事項 　出　生	【出生日】平成○○年○月○日
	【出生地】東京都○○区
	【届出日】平成○○年○月○日
	【届出人】父
婚　姻	【婚姻日】平成○○年○月○日
	【配偶者氏名】○○○○
	【従前本籍】東京都○○区○○町××番地　○○○○
養子縁組	【縁組日】令和○○年○月○日
	【共同縁組者】妻
	【養子氏名】○○○○
	【送付を受けた日】令和○○年○月○日
	【受理者】○○区長
戸籍に記録されている者	
	【名】○○
	【生年月日】平成○○年○月○日【配偶者区分】妻
	【父】○○○○
	【母】○○○○
	【続柄】長女
身分事項 　出　生	【出生日】平成○○年○月○日
	【出生地】東京都○○区

	【届出日】平成○○年○月○日
	【届出人】父
婚　姻	【婚姻日】平成○○年○月○日
	【配偶者氏名】○○○○
	【従前本籍】東京都○○区○○町××番地 ○○○○
	以下余白

発行番号00000001

　　　　これは、戸籍に記録されている事項の全部を証明した書面である。
　　　　令和○○年○○月○○日

　　　　　　　　　　　　　東京都○○区長　　　　○○　○○

（参照）対個人（個人事業主は除く）への顧問契約について消費者契約と責任限定条項の考え方について

　相続税申告における小規模宅地特例をめぐる税理士損害賠償責任事件について、原審横浜地裁と令和4年7月7日東京高裁によって判断が分かれました。しかし、東京高裁では責任限定条項の有効性の判断はされていません。したがって原審の横浜地裁判決を検証します。

・「消費者契約」なので、法人税申告や個人事業の所得税申告は無関係です（BtoBでは原則問題ないがBtoCでは問題が生じ得ます。）。

・責任限定条項を一般的に無効としたものではなく、「契約締結過程の事実認定をした」事例判断であり、この一つの判決をもって先例と言い切ることはできません。

・他の裁判と同様、同じ事案であっても裁判官によって判断が異なる可能性があります。

・今後も責任限定条項については、有効判決と無効判決が出ることが予想されます。ただし原則として無効になる可能性が高いです。

・もっとも現実論としては、裁判よりも交渉（示談）でまとまることも多いので、交渉の1つの目安となることもあるので、入れておいて損をするものでもないという次元でとらえておくべきです。

・なお、税賠保険会社も基本的に責任制限条項は、無視して法的に税理

士の責任として、保険金を支払っている事実があります。これは保険
会社も基本的に無効の可能性が高いと判断していると想定されます[4]。

---

4 詳細は週刊「Ｔ＆Ａ master」2022/7/18 No.939「【巻頭特集】・賃貸借契約締結も相
　続開始前に賃料の支払いが必須　小規模宅地特例を巡る税賠事件で税理士法人が逆転
　勝訴」をご参照ください。

第Ⅱ章

家屋に居住していた実態が
あることを
証明するためのエビデンス

Ⅱ－1　小規模宅地等特例における「居住の用に供されていた宅地」についてのエビデンス

> **Q** 小規模宅地等特例における「居住の用に供されていた宅地」についてのエビデンスについて教えてください。

> **A** 小規模宅地等に係る度重なる税制改正により現行制度においては、原則として特定居住用宅地等の特例が適用されるのは被相続人の居住用住宅1か所のみとなり、例外として生計一親族が居住用に使っていた住宅が別途ある場合、それも含まれる、となっています。
>
> 旧税制での裁判例ですが、居住の判定に関して代表的な裁判例を検証します。

【解　説】

○最高裁判所第二小法廷平成21年（行ヒ）第157号相続税更正処分等取消請求上告受理申立事件（不受理）（確定）平成22年2月5日決定【上告不受理／小規模宅地／「居住の用に供されていた宅地」の意義】（TAINSコードZ260－11374）

事実認定については下級審平成21年2月4日判決を検証します。

（要点）

小規模宅地等の特例における、居住の用に供されていた宅地等は、2か所でも認められるとされた事例

本件における納税者（原告・被控訴人・上告人）は、相続により取得した2つの土地について、どちらも被相続人の居住の用に供していたとして、居住用宅地等に係る小規模宅地等の特例を適用して相続税の申告をしたのですが、所轄税務署長が、特例の対象となる宅地等は1か所し

か認めないとして更正処分をした事例です。争点は、特例の対象となる「居住の用に供されていた宅地等」とは「主として居住の用に供されていた宅地等」に限られるかどうかです。

　地裁は、所得税においては「居住の用に供している家屋を二以上有する場合には、その者が主としてその居住の用に供していると認められる一の家屋に限る」（措令20の3②）と規定しているが、本件特例にはそのような制限はないと判示し、特例の対象となる宅地等は複数存在することも認められるとして、納税者の主張を認めました。

　これに対して国側が控訴し、控訴審では国側の主張が認められました。なお、上告は不受理決定がなされています。

判決（平成21年2月4日判決）（抄）
（2）　本件特例の「居住の用に供されていた」宅地に当たるかどうかについては、被相続人が生活の拠点を置いていたかどうかにより判断すべきであり、具体的にはその者の日常生活の状況、その建物への入居の目的、その建物の構造及び設備の状況、生活の拠点となるべき他の建物の有無その他の事実を総合勘案して判断されるべきである。
　　前記認定事実によれば、
・自動車を運転できない丁にとって、小城市家屋からでは、福岡へ仕入れに行ったり、佐賀市内に営業や買い物に行ったりするのに不便であったため、これを改善する目的で本件マンションを購入し、本件マンションには、電気、ガス、水道が供給されており、日常生活に必要な家具や電化製品も備えられており、生活の拠点として使用するに足りる設備が整えられていたことが認められる。

→

（証拠）
・生活の拠点の基礎です。上掲の事情、背景、実態そのものが証拠となります。
・他方で、本件マンションの面積や間取りは、丁が一人で居住するには

37

不必要なほど広く、電気もその使用量に比べて契約容量が極めて大きい。

　家具や電化製品も世帯用の製品が購入されており、丁は運転免許を持たないにもかかわらず、駐車場契約を締結している。

　したがって、本件マンションの入居目的が、専ら丁一人が仕入れ等の便宜のために居住するためのものであったかどうかについては疑問がある。

※ここは旧税制を意識しています。

　さらに、丁の本件マンションの実際の利用状況（乙24）は、ガスの使用を開始した平成13年11月に1日宿泊した後、同年12月は一度立ち寄ったのみであり、平成14年1月は3日宿泊し、2日立ち寄ったが、同年2月は1日宿泊し、3日立ち寄ったのみである。その後、入退院を繰り返したため、同年6月に至って3日、同年7月に2日立ち寄ったものの宿泊することはなかった。

　本件マンションへの立ち寄りも定期的なものではなく散発的で、丁が福岡へ出かけた日と一致するものでもなく、福岡への仕入れやDの講座受講のための拠点として実際に使用されていたものではない。

　実際に使用された電気、ガス、水道も、極めて少量である。

→
（証拠）
・生活の拠点ですから水道光熱費のチェックは入ります。ゆえに水道光熱費の利用状況を確認したうえで、その使用実績を記録しておきます。

　また、丁が本件マンションを住所として届け出た金融機関や取引先はなく、郵便物は小城市家屋に届けられており、本件マンションに届く郵便物はダイレクトメールの類に過ぎず（甲8、9）、知人らに本件マンションで生活していると知らせた形跡もなく、入退院を繰り返していた時期

や平成14年8月以降は最後まで小城市家屋で療養していたものである。

　　→

（証拠）

　住民登録された場所が生活の本拠とされる住所（民22）とは限定されないことは明らかです。実態と異なっていれば実態基準（実質基準）にしたがって社会通念＝常識＝経験則で判断します。

　そのためにも実態要件を満たす上掲の水道光熱費やもし自動車利用であれば駐車場使用の有無、自動車を利用した形跡等々の常識的な生活形跡が必要となります。

　このように住民票等々の外的要件を揃えたとしても、実態要件がなければ証拠として意味がないという典型事例になります。そして当該実態、すなわち、生活の本拠であれば通常利用されていたものについて過去からの累積があればあるほど証拠力は高くなります。

　以上のとおりの本件マンションの利用状況等からすれば、丁が病気等の事情から利用できなかったことを考慮しても、丁は本件マンションにおいてほとんど生活していなかったのであり、その利用も散発的であって、被控訴人らが主張する小城市家屋と本件マンションの両方に居住する生活スタイルというものも確立するに至っておらず、本件マンションが生活の拠点として使用されていたとは認められない。

（参照、下記、地方税との兼ね合いについても納税者は主張しています）
（3）　被控訴人らは、地方税法施行規則7条の2の15が地方税法施行令36条における「日常生活の用に供しないもの」の定義を「毎月1日以上の居住（括弧内省略）の用に供する家屋又はその部分以外の家屋又はその部分」としていることから、本件マンションは毎月1日以上の居住の用に供する家屋又はその部分に該当すると主張するが、同じ税体系の法律とはいえ、地方税法と相続税法ではその立法趣旨及び目的が異なるから、地方税法における用語の定義が相続税法ひいては

　本件特例にも妥当するとはいえない。また、前記認定事実によれば、丁は毎月宿泊していたものではなく、毎月1日以上居住の用に供していたとも認められないから、被控訴人らの主張は理由がない。

　したがって、本件宅地は、本件特例の「居住の用に供されていた」宅地に当たるとは認められない。

Ⅱ－2　老人ホーム入居と生活の本拠に係る エビデンス

Q 老人ホーム入居と生活の本拠に係るエビデンスについて 教えてください。

A 現行の質疑応答事例は比較的詳細が記載されているため、当該 要件にあてはめたエビデンスを残すことを優先します。旧税制 において生活本拠が争点になった代表的な裁判例で具体的に証拠化の プロセスを検証します。

【解　説】

（現行：質疑応答事例）

老人ホームへの入所により空家となっていた建物の敷地についての小 規模宅地等の特例（平成26年1月1日以後に相続又は遺贈により取得 する場合の取扱い）

【照会要旨】

被相続人は、介護保険法に規定する要介護認定を受け、居住していた 建物を離れて特別養護老人ホーム（老人福祉法第20条の5）に入所し ましたが、一度も退所することなく亡くなりました。

被相続人が特別養護老人ホームへの入所前まで居住していた建物は、 相続の開始の直前まで空家となっていましたが、この建物の敷地は、相 続の開始の直前において被相続人の居住の用に供されていた宅地等に該 当しますか。

【回答要旨】

照会のケースにおける、被相続人が所有していた建物の敷地は、相続 の開始の直前において被相続人の居住の用に供されていた宅地等に該当 することになります。

（理由）

　平成25年度の税制改正において、相続の開始の直前において被相続人の居住の用に供されていなかった宅地等の場合であっても、1被相続人が、相続の開始の直前において介護保険法等に規定する要介護認定等を受けていたこと及び2その被相続人が老人福祉法等に規定する特別養護老人ホーム等（以下「老人ホーム等」といいます。）に入居又は入所（以下「入居等」といいます。）していたことという要件を満たすとき（※下線筆者）には、その被相続人により老人ホーム等に入居等をする直前まで居住の用に供されていた宅地等（その被相続人の特別養護老人ホーム等に入居等後に、事業の用又は新たに被相続人等（被相続人又はその被相続人と生計を一にしていた親族をいいます。以下同じです。）以外の者の居住の用に供されている場合を除きます。）については、被相続人等の居住の用に供されていた宅地等に当たることとされました。

　なお、この改正後の規定は、平成26年1月1日以後に相続又は遺贈により取得する場合について適用されます。

（注）被相続人が介護保険法等に規定する要介護認定等を受けていたかどうかは、その被相続人が、その被相続人の相続の開始の直前において要介護認定等を受けていたかにより判定（※下線筆者）します。

　　　したがって、老人ホーム等に入居等をする時点において要介護認定等を受けていない場合であっても、その被相続人が相続の開始の直前において要介護認定等を受けていれば、（※下線筆者）老人ホーム等に入居等をする直前まで被相続人の居住の用に供されていた建物の敷地は、相続の開始の直前においてその被相続人の居住の用に供されていた宅地等に該当することになります。

【関係法令通達】

　租税特別措置法第69条の4第1項

　租税特別措置法施行令第40条の2第2項、第3項

　租税特別措置法通達69の4－7の3

　　現行税制は要件が明確化され、そもそも当該要件を満たさなければ適
用を受けられないことから原則として証拠保全の考え方はありません。
従前の質疑応答事例ベースでの係争事案は下記が代表的です。

重要情報
〇東京地方裁判所平成22年（行ウ）第695号相続税更正処分取消等請
　求事件　平成23年8月26日判決【小規模宅地／居住用宅地／有料老
　人ホームに入居した被相続人の生活の拠点】Ｚ261－11736

（一部抜粋）
第3　当裁判所の判断
1　争点（本件宅地が、本件相続の開始の直前において、本件特例に規
　定する被相続人等の「居住の用に供されていた宅地」に当たるか否か）
　について
　（中略）
　（2）　本件家屋敷地について
　　ア　本件特例は、被相続人等（被相続人又は当該被相続人と生計を
　　　一にしていた当該被相続人の親族）の居住の用に供されていた小
　　　規模な宅地等については、一般に、それが相続人等の生活基盤の
　　　維持のために欠くことのできないものであって、相続人において
　　　居住の用を廃してこれを処分することについて相当の制約を受け
　　　るのが通常であることから、相続税の課税価格に算入すべき価額
　　　を計算する上において、政策的な観点から一定の減額をすること
　　　とした規定であると解される。
　　　　そして、ある土地が本件特例に規定する被相続人等の「居住の
　　　用に供されていた宅地」に当たるか否かは、被相続人等が、当該
　　　土地を敷地とする建物に生活の拠点を置いていたかどうかにより
　　　判断すべきであり、具体的には、①その者の日常生活の状況、②
　　　その建物への入居の目的、③その建物の構造及び設備の状況、④
　　　生活の拠点となるべき他の建物の有無その他の事実を総合考慮し

て判断すべきものと解するのが相当である。

イ　これを本件についてみるに、前提事実及び弁論の全趣旨によれ
ば、①亡乙らは、本件老人ホームに入居した平成17年4月16日
から本件相続の開始の日である平成18年12月9日までの約1年
8か月の間、亡乙が入院のために外泊をしたほかに外泊をしたこ
とはなく、専ら本件老人ホーム内で日常生活を送っていたこと（前
提事実（2）カ、キ）、②亡乙らは、平成17年2月以降、両名と
もに介護を必要とする状況となったところ、本件家屋において原
告及び訴外丁の介護を受けて生活することが困難であったことか
ら、終身利用権を取得した上で本件老人ホームに入所したもので、
その健康状態が早期に改善する見込みがあったわけではなく、ま
た、本件家屋において原告等の介護を受けて生活をすることが早
期に可能となる見込みがあったわけでもなかったのであって、少
なくとも相当の期間にわたって生活することを目的として本件老
人ホームに入居したものであること（前提事実（2）エ、別紙3「本
件入園契約（要旨）」記載1、2、4）及び③本件老人ホームには、
浴室や一時介護室、食堂等の共用施設が備わっており、本件居室
には、ベッドやエアコン、トイレ等の日常生活に必要な設備が備
え付けられていた上、亡乙らは、本件老人ホーム内において、協
力医療機関の往診を受け、あるいは、介護保険法等の関係法令に
従い、入浴、排せつ、食事等の介護、その他の日常生活上の介助、
機能訓練及び療養上の介助を受けることができたもので、本件老
人ホームには、亡乙らが生活の拠点として日常生活を送るのに必
要な設備等が整えられていたこと（※下線筆者）（前提事実（2）
エ、同別紙記載4、5、7）が各認められる。

　以上からすれば、④亡乙らが、本件老人ホームに入居した後も、
本件家屋に家財道具を置いたまま、これを空家として維持してお
り、電気及び水道の契約も継続していたこと（前提事実（2）ク）
を考慮しても、（※下線筆者）本件相続の開始の直前における亡
乙らの生活の拠点が本件老人ホームにあったことは明らかという

　ほかない。

　ウ　以上のとおり、本件相続の開始の直前において、亡乙らの生活
　　の拠点が本件家屋にあったと認めることはできないから、本件家
　　屋敷地が本件特例に規定する被相続人等の「居住の用に供されて
　　いた宅地」に当たるということはできない。したがって、本件家
　　屋敷地について、本件特例を適用することはできない。

（証拠）居住の実態

・前問と同様、社会通念＝常識＝経験則からでの実態判断がなされます。
　水道光熱費の使用状況や家財の有無等々で確認されることも同様にな
　ります。

Ⅱ-3　老人ホーム入居一時金とみなし贈与に係る判断とエビデンス

> **Q** 老人ホーム入居一時金とみなし贈与に係る判断とエビデンスについて教えてください。

> **A** 過去の裁決・裁判例ではいくつか参照になる事例があります。老人ホームの入居金に関しては、被相続人の状況、老人ホームの環境、金額、返還金の有無などを契約書や相続人へのヒアリングにより、確認した上で当局調査対応の疎明資料の事前準備が必要です。

【解　説】

　相続税法21条の３第１項２号において、「扶養義務者相互間において生活費又は教育費に充てるためにした贈与により取得した財産のうち通常必要と認められるもの」は贈与税の課税価格に算入しないこととされています。

　老人ホームの入居金に関しては、被相続人の状況、老人ホームの環境、金額、返還金の有無などを契約書や相続人へのヒアリングにより、確認した上で当局調査対応のエビデンスの事前準備が必要です。

重要情報1

【贈与財産の範囲／老人ホームに係る入居一時金の返還金請求権】

　有料老人ホームの入居契約に基づき返還金受取人（審査請求人）が取得した入居一時金に係る返還金請求権に相当する金額の経済的利益は、相続税法第９条でいう「みなし贈与」により取得したものとした事例（平成25年２月12日裁決）（TAINSコードＦ０-３-354）

〔事案の概要〕

　入居契約のみをもって、被相続人と請求人との間に入居一時金に係る返還金の返還を請求する権利を贈与する旨の死因贈与契約が成立してい

たと認めることはできないし、その他当審判所の調査の結果によっても、相続開始時より前に、当該当事者間でその旨の死因贈与契約が成立していた事実や、被相続人がその旨の遺言をしていた事実を認めることはできないものの、①請求人の預け金があったとは認められないこと、②入居一時金の原資は被相続人の定期預金の一部であると認められることからすれば、実質的にみて請求人は、第三者（請求人）のためにする契約を含む入居契約により、相続開始時に、被相続人に対価を支払うことなく、同人から入居一時金に係る返還金の返還を請求する権利に相当する金額の経済的利益を享受したというべきである。

　したがって、請求人は、当該経済的利益を受けた時、すなわち、相続開始時における当該利益の価額に相当する金額を被相続人から贈与により取得したものとみなす（相続税法第9条）のが相当である。

〔当事者の主張〕

○納税者の主張

　原処分庁が申告漏れであるとした本件返還金は、請求人が本件被相続人に預けていた金員（以下「本件預け金」という。）について清算したものであるから、請求人に帰属する財産であり、本件相続税の課税価格に算入されるべきものではない。

○課税庁の主張

　本件入居一時金は、本件被相続人名義の定期預金を原資とするものであるところ、当該定期預金は、平成19年10月12日に満期償還された本件被相続人名義の割引金融31,000,000円を原資とするものであり、同21年6月23日、当該定期預金を解約した金員の中から本件会社名義の普通預金口座に振り込まれたものであるから、本件返還金は、本件被相続人の相続財産として、本件相続税の課税価格に算入されるべきものである。

〔判断〕

　被相続人がA社と締結した介護型老人ホームの入居契約では、入居者は自分が死亡した場合の入居一時金の返還金の受取人1名を定めることとした上で、入居者が死亡した場合、A会社は上記返還金受取人に対し

て返還金を返還することとする条項が存するが、入居契約には、入居者が死亡した場合に、返還金受取人となっていない入居者の相続人に返還金を返還することを可能とする条項は存しないことに照らすと、入居契約に存する上記返還金受取人に関する条項は、返還金の返還を請求する権利者を定めたものというべきである。

　上記のとおりの入居契約の内容によれば、入居契約のうち入居一時金の返還金に係る部分は、入居者（被相続人）とＡ社との間で締結された、入居者死亡時の返還金受取人（請求人）を受益者とする第三者のためにする契約であって、入居者死亡時の返還金受取人は、入居契約により、入居者の死亡を停止条件として、Ａ社に対して直接返還金の返還を請求する権利を取得したものと解すべきである。

　したがって、本件返還金は被相続人の相続財産であるということはできず、これを前提とする原処分庁の主張は、採用することができない。

　入居契約のみをもって、被相続人と請求人との間に入居一時金に係る返還金の返還を請求する権利を贈与する旨の死因贈与契約が成立していたと認めることはできないし、その他当審判所の調査の結果によっても、相続開始時より前に、当該当事者間でその旨の死因贈与契約が成立していた事実や、被相続人がその旨の遺言をしていた事実を認めることはできないものの、①請求人の預け金があったとは認められないこと、②入居一時金の原資は被相続人の定期預金の一部であると認められることからすれば、実質的にみて請求人は、第三者（請求人）のためにする契約を含む入居契約により、相続開始時に、被相続人に対価を支払うことなく、同人から入居一時金に係る返還金の返還を請求する権利に相当する金額の経済的利益を享受したというべきである。

　したがって、請求人は、当該経済的利益を受けた時、すなわち、相続開始時における当該利益の価額に相当する金額を被相続人から贈与により取得したものとみなす（相続税法第９条）のが相当である。（※下線筆者）

　そして、請求人は、被相続人から相続により他の財産を取得していることから、相続税法第９条の規定により被相続人から贈与により取得し

たものとみなされる利益の価額（本件返還金と同額）は、当該他の財産に加算され、相続税の課税対象となる（相続税法第19条《相続開始前3年以内に贈与があった場合の相続税額》第1項）。したがって、本件返還金の額は、請求人の本件相続税の課税価格に算入されるべきである。

　本件未収金は、被相続人の平成21年6月分及び同年7月分の恩給年金の支払がされたものであり、被相続人の預金口座への振込みにより、相続開始時において被相続人が有する恩給年金の受給権が履行されたものであるから、本件未収金の額は、相続開始時における被相続人の相続財産として、相続税の課税価格に算入されるべきものである。

　Xの弟は、叔父から相続により他の財産を取得しているので、相続税法9条の規定により叔父から贈与により取得したものとみなされる利益の価額（返還金相当額）は、相続開始前3年以内の贈与（相法19①）として相続税の課税対象になります。

重要情報2
【贈与税の非課税財産】
　被相続人が配偶者のために負担した有料老人ホームの入居金は、贈与税の非課税財産に該当しないから、当該入居金は相続開始前3年以内の贈与として相続税の課税価格に加算する必要があるとした事例（平成23年6月10日公表裁決）（TAINSコードJ83－4－20）
〔事案の概要〕
　本件は、被相続人の妻である審査請求人（以下「請求人」という。）が申告した相続税について、原処分庁が、請求人及び被相続人が有料老人ホームに入居するに当たり、入居契約上請求人が支払うべき入居金の一部を被相続人が負担したことは、被相続人からの請求人に対するみなし贈与に該当するとして、当該負担額を相続開始前3年以内の贈与として相続税の課税価格に加算して更正処分及び過少申告加算税の賦課決定処分を行ったのに対し、請求人が、入居金は終身利用権の対価であり、終身利用権は一身専属権であるから相続税の課税対象にはならない等と

して、原処分の全部の取消しを求めた事案。

〔当事者の主張〕

○納税者の主張

　本件入居契約の主契約者は本件被相続人である。

　本件被相続人が主契約者であるから、本件入居金は本件被相続人が負担すべきものである。請求人は、追加契約者に該当するところ、本件入居契約により、追加契約者は、主契約者から、主契約者の権利を承継することができる。

　したがって、請求人は、本件相続開始時に、本件被相続人から主契約者の権利である終身利用権を、死因贈与により取得したものと認められるが、終身利用権は、一身専属権であるから、相続税の対象とならない。

　したがって、原処分は違法である。

　仮に、請求人が終身利用権を承継したものではないとしても、以下の理由から、原処分は違法である。

　当事者間において、本件入居契約時点で、本件被相続人が15年の償却期間内に死亡した場合は、追加契約者である請求人に対して償却残存期間にわたり、毎年入居金の定額償却額を贈与する認識があったことからすれば、本件入居契約時点において、本件被相続人、Ｌ社、請求人の三者間で、保証期間付定期金給付契約と同様の権利義務が成立し、定期金の継続受取人である請求人は、相続開始時に本件被相続人から保証期間付定期金給付契約に関する権利を相続したものと認められる。

　そして、上記権利は、有期定期金として評価することとなり、原処分庁が相続財産に計上した金額より低くなるため、原処分の一部が取り消されるべきである。

○課税庁の主張

　再契約締結日を平成21年６月１日とするＭ入居契約書に、本件入居金及び追加入居金の使途及び算定基準として、入居者が居住する居室及び入居者が利用する共用施設等の費用として終身にわたって受領する家賃相当額と記載されていること、上記の再契約と本件入居契約とは本件入居金の内容について変更はないことからすれば、本件入居金の法的性

質は、家賃相当額の前払金であると認められる。

　そして、本件入居契約の主契約者は請求人であるから、請求人が入居金支払義務を負うところ、本件被相続人が生活保持義務履行のために本件入居金の一部に相当する金額を負担したものである。

　したがって、本件被相続人が負担した本件入居金の一部に相当する金額につき、本件入居契約開始日において、いまだ生活保持義務の履行がなされていない部分（定額償却対象分）は、請求人が本件老人ホームを使用する期間の経過に応じて償却されていくものであるから、本件被相続人の請求人に対する生活保持義務の前払金とみるべきである。

　ゆえに、前払金のうち、本件相続開始時にいまだ生活保持義務の履行が完了していない部分は、本件被相続人の請求人に対する返還請求権の対象となる。

　そして、①上記返還請求権は、夫の妻に対する生活保持義務履行のための金銭債権であること、②本件入居契約の内容及び主契約者が請求人であることからして、請求人及び本件被相続人間では、本件被相続人死亡後も本件老人ホームに入居し続けることを前提としていたと認められること、③請求人及び本件被相続人は、本件入居契約の内容を十分理解した上で、主契約者を請求人、追加契約者を本件被相続人としていることからすれば、本件入居契約時に、本件被相続人と請求人との間で、上記金銭債権を死因贈与する旨の契約がなされたものと認められる。

　したがって、請求人は、生活保持義務の前払金たる金銭債権を、本件被相続人からの死因贈与により取得したのであるから、これを本件相続に係る相続財産とした原処分は適法である。

〔判断〕

　被相続人が配偶者のために負担した有料老人ホームの入居金が贈与税の非課税財産（相続税法第21条の3第1項第2号）に該当するか否かについて、平成22年11月19日裁決（裁決事例集No.81）では非課税財産に該当すると判断したのに対し、本事例は、非課税財産に該当しないと判断したものである。

　請求人は、請求人及び本件被相続人が本件相続開始の約2か月半前に

入居した老人ホーム（本件老人ホーム）の入居金（本件入居金）を本件被相続人が支払ったことについて、本件入居金の性質は終身利用権の対価であり、請求人は本件被相続人から終身利用権を死因贈与により取得したことになるところ、終身利用権は一身専属権であって贈与税の対象とはならないから、相続開始前3年以内の贈与として本件相続税の課税価格に加算されない旨主張する。

　しかしながら、本件被相続人は、自らに支払義務のない請求人に係る入居金のうちの一部に相当する金額を支払ったものであり、これによって請求人は、入居金全額の支払によって初めて取得することのできる施設利用権を、低廉な支出によって取得したものと認められることからすると、請求人は著しく低い対価で本件老人ホームの施設利用権に相当する経済的利益を享受したものということができ、本件被相続人と請求人との間に実質的に利益の移転があったことは明らかであるから、相続税法第9条により、請求人は、その利益を受けた時における当該利益の価額に相当する金額を本件被相続人から贈与により取得したものとみなすのが相当である。また、本件入居金は極めて高額であり、請求人に係る居室面積も広く、本件老人ホームの施設の状況等をかんがみれば、本件老人ホームの施設利用権の取得のための金員は、社会通念上、日常生活に必要な住の費用であるとは認められないから、相続税法第21条の3《贈与税の非課税財産》第1項第2号の規定する「生活費」には該当せず、贈与税の非課税財産に該当しない。したがって、贈与により取得したものとみなされた金額は、相続開始前3年以内の贈与として本件相続税の課税価格に加算されることとなる。

　「生活費に充てるためにした贈与で通常必要なもの」（相法21の3①二）かどうかは、社会通念＝常識＝経験則で判断します。課税と非課税の区分について明確な基準があるわけではありません。

第 Ⅲ 章

債務が現に存在することを
証明するためのエビデンス

Ⅲ−1　会社とそのオーナー間の金銭消費貸借契約に係るエビデンスの当局の考え方

Q オーナー（同族特殊関係者）と同族法人との間の金銭消費貸借契約に係るエビデンスについて当局の基本的な考え方を教えてください。

A 実務ではそもそも作成をしていないケースが多いと思われます。しかし、相続税申告や残余財産の分配、DES等々、その実在性について検討しなければならない事態に非常に多く遭遇します。下記では基本的なエビデンスと、そのエビデンスの一部としての裁決・裁判例の取扱い方を検証します。

【解　説】

重要情報1

調査に生かす判決情報

〜判決（判決速報№1476【相続税】）の紹介〜　平成30年9月27日

> 《ポイント》
> 裁判例を参照する際の留意事項
> 〜財産評価基本通達205「その他その回収が不可能又は著しく困難であると見込まれるとき」の解釈及び該当性について争われた事例〜

○事件の概要

1　X（納税者）は、平成23年に死亡した被相続人の相続（以下「本件相続」という。）について、被相続人がその夫である亡Aから相続した貸付金債権（亡Aが代表者を務めていた会社に対する貸付金債権であり、亡Aの相続税の申告において相続財産に含まれていたもの。以下、当該会社及び当該債権をそれぞれ「本件会社」及び「本件債権」という。）が存在しないものとして、相続税の申告書を提出した。

2　Y（国側）は、本件債権は被相続人の相続財産であり、その財産の価額は財産評価基本通達（以下「評価通達」という。）204（貸付金債権の評価）の定めに基づき評価することとなるとして、相続税の更正処分及び過少申告加算税の賦課決定処分をしたところ、Xは、本件会社の業務内容や財務内容等の状況からすれば、本件会社から本件債権を回収できないことは明らかであるから、本件債権の価額は、同通達205（貸付金債権等の元本価額の範囲）の定めに基づき評価すべきであり、その価額は零であるなどとして、本訴を提訴した。

○本件の争点・当事者の主張

1　本件債権は貸付金債権であることから、その評価方法は、評価通達204及び同通達205に基づいて評価することとなるが、国側と納税者側において、概ね次のとおり主張が対立した。

（1）評価通達205の「その他その回収が不可能又は著しく困難であると見込まれるとき」の解釈について（争点1）

納税者側の主張	国側の主張
評価通達205の「その他その回収が不可能又は著しく困難であると見込まれるとき」に該当するか否かの判断については、評価通達205（1）ないし（3）に定める各事由に準ずるものあって、それと同視し得る事態に当たらない場合であっても、貸付金債権の回収可能性に影響を及ぼし得る要因が存在することがうかがわれる場合には、評価時点における債務者の業務内容、財務内容、収支状況、信用力などを具体的総合的に検討し判断すべきである。	評価通達205の「その他その回収が不可能又は著しく困難であると見込まれるとき」とは、評価通達205（1）ないし（3）の事由と同程度に、債務者が経済的に破綻していることが客観的に明白であり、そのため、債券の回収の見込みがないか、又は著しく困難であると確実に認められるときをいうのであり、評価通達205（1）ないし（3）の事由を緩和したものではない。
〔主な証拠（根拠）〕 名古屋高裁平成17年6月10日判決	〔主な証拠（根拠）〕 東京高裁平成21年1月22日判決

（2）本件債権が評価通達205に該当するか否かについて（争点2）

納税者側の主張	国側の主張
本件会社は、少なくとも平成19年以降現在に至るまで、常に債務超過の状態にあり、また、本件相続開始日の前後において継続的に損失が生じていた。 このような事情を踏まえると、本件会社から本件債権を回収できないことは明らかでるから、本件債権の評価額は、評価通達205の適用により零である。	本件会社は、本件相続開始日を含む事業年度以前の7事業年度において、平均して約1,905万円の売上高を計上するとともに、金融機関から新たな融資を受けていたという状況にあったのであるから、本件会社が経済的に破綻していたなどとは到底いえず、本件債権は、評価通達205の適用がない。 また、本件会社が債務超過にありながらも長年にわたって事業を継続していることは、本件会社が経済的に破綻していることが客観的に明白であるとは認められないことを裏付けるものである。
〔主な証拠（根拠）〕 平成19年から平成25年までの決算書ほか	〔主な証拠（根拠）〕 イ　昭和46年から平成25年までの決算書 ロ　上記イを基に本件会社の純資産及び純損益の金額の推移をまとめた調査報告書 ハ　預貯金等照会回答書（※下線筆者）

　オーナー貸付金（会社決算報告書においては役員借入金等々）に関しては財産評価基本通達205項を参照してください。

（貸付金債権等の元本価額の範囲）

　205　前項の定めにより貸付金債権等の評価を行う場合において、その債権金額の全部又は一部が、課税時期において次に掲げる金額に該当するときその他その回収が不可能又は著しく困難であると見込まれるときにおいては、それらの金額は元本の価額に算入しない。

（1）債務者について次に掲げる事実が発生している場合におけるその債務者に対して有する貸付金債権等の金額（その金額のうち、質権及び抵当権によって担保されている部分の金額を除く。）

（中略）

ヘ　業況不振のため又はその営む事業について重大な損失を受けたため、その事業を廃止し又は6か月以上休業しているとき（※下線筆者）

を検討することが多いです。しかし、本件に限らず納税者主張が認められる可能性はほぼありません。当局は上掲の通り、

〔主な証拠（根拠）〕

イ　昭和46年から平成25年までの決算書

ロ　上記イを基に本件会社の純資産及び純損益の金額の推移をまとめた調査報告書

ハ　預貯金等照会回答書（※下線筆者）

を踏まえた上で破綻していない、と主張します。多くの中小企業が何かしらの方法（自転車操業等々）で存続している限り、上掲証拠を持ちだされると納税者は決定的な反論ができません。

〇裁判所の判断等

1　争点1に対する裁判所の判断過程

（1）相続税法22条の「時価」を評価通達により評価することの合理性

1　中略

2　中略

3　評価通達の内容自体が財産の「時価」を算定する上での一般的な合理性を有していると認められる限りは、同通達の定める評価方法に従って算定された財産の評価額をもって、相続税法上の「時価」であると事実上推認することができるものと解され、同通達に定める方法によっては財産の時価を適切に評価することのできない特別の事情のない限り、同通達に定める方法によって相続財産を評価することには

合理性があるというべきである。

（2）貸付金債権を評価通達204及び同通達205により評価することの合理性

貸付金債権については、債務の内容が金銭の支払という抽象的な内容であり、通常は元本及び利息の金額を一義的に定めることができるものである一方、市場性がなく、取引相場のように交換価値を具体的に示すものではないから、評価通達204が、原則として、貸付金の価額を元本の金額と既経過利息との合計額で評価すると規定して、同通達205が、例外として、債務者が手形交換所において取引停止処分を受けたとき等、債権金額の全額又は一部の回収が不可能又は著しく困難であると見込まれるときに限り、それらの金額を元本の価額に算入しないとしているのは、貸付金債権の上記性質に照らして合理的なものということができる（貸し倒れリスクを何らかの方法で評価して減額することは、その客観的かつ適切に評価する方法を見出し難い上、上記の貸付金債権の性質からすると採用することができない。）。

（3）評価通達205「その他その回収が不可能又は著しく困難であると見込まれるとき」の解釈

評価通達205の「その他その回収が不可能又は著しく困難であると見込まれるとき」とは、同通達205（1）ないし（3）の事由と同程度に、債権の回収の見込みがないか、又は著しく困難であると客観的に明白に認められるときをいうものを解すべきである。

　本件は評価通達の解釈及び該当性が争われているところ、通達は、国民に対して拘束力を持つ法規ではなく、裁判所もそれに拘束されません。
　したがって、法律上の主張に際しては、まずは法令の規定のみからどのようなことがいえるかを検討し、その上で、通達の定めを用いる場合には、飽くまでもその内容が法令に適合することを論証する必要があります。
本件における裁判所の判断過程も上記（1）のとおり、まず相続税法の規定を解釈しています。そこで、租税平等主義等を根拠に、原則として、評価通達が適用される判断枠組みを示し、（2）において評価通達の合理性を判断した上で、（3）のとおり評価通達の解釈を行っています。

2　争点２に対する裁判所の判断過程

（1）裁判所に認定事実

1　本件会社は、平成17年６月期ないし平成23年６月期における経常利益の平均は約83万円の赤字に陥っているものの、この間においても営業を継続し、同期間において、平均1,905万円の売上げを上げており、本件相続開始時を含む平成23年６月期においても約1,727万円の売上げを上げていること。

2　本件相続開始時を含む事業年度である平成23年６月期以前において、金融機関から継続的に新たな融資を受けていたこと。

3　本件相続開始時現在において、本件会社に対して会社更生手続などの法的な処理が行われていたものではないこと。

4　本件会社の平成17年６月期ないし平成23年６月期における債務超過額は、約5,743万円ないし約6,386万円で、毎期債務超過の状態が続いていたものの、金融機関に対する返済は滞っていなかったこと。(※下線筆者)

（2）裁判所の判断

本件会社は、被相続人の相続開始時において、営業を継続していた上、債権者に対する返済が遅滞又は停止していたなどの事実は認められないから、本件会社が、経済的に破綻していることが客観的に明白で、本件債権の回収の見込みがない又は著しく困難であると確実に認められるものであったとはいえず、本件債権について、「その回収が不可能又は著しく困難であると見込まれるとき」に当たるとはいえない。

〇国税訟務官室からのコメント

1　はじめに

　調査において、国側と納税者の間で法律や通達の解釈が異なるとき、納税者から裁判例を根拠に示された場合、調査担当者は、納税者の主張が正当であると早合点してしまうことがあるかもしれない。

　しかし、本件のように、同じ法令等の解釈について判断の異なる裁判例が存在するケースがあるので、納税者の解釈の根拠が裁判例であって

も、その裁判例の射程が及ぶか否か等を判断し、さらに、国側の主張の根拠となる裁判例がないかを確認することが肝要である。（※下線筆者）

　シリーズ個人編、シリーズ法人編でも検討していますが、過去の裁判例は先例をいえるものがあり、当局もそれを意識していれば、その裁判例は抗弁となりえます。これは調査対応時点で用意をするよりも当初取引時に用意すべきものです。
　一方、当局解説にあるように、当該裁判例が個別具体的なものやいわゆる限界事例といわれるものに関しては、前者については結果として事実認定に着地しますし、後者については原則反論材料なりえません。
　原始取引時に裁決・裁判例もセットで用意することは証拠化として重要ですが、当該裁決・裁判例が先例を有するか（当局までも拘束できるか）は別途、個別に検討する必要があります。

　以下では、本件において納税者側と国側がそれぞれ解釈の根拠とした裁判例を紹介する。

2　評価通達205の「その他その回収が不可能又は著しく困難であると見込まれるとき」の解釈について（争点１）判断された裁判例
（1）弾力的に解した裁判例【納税者側が主張の根拠とした裁判例】
　イ　名古屋地裁平成16年11月25日判決
　　　評価通達205の（1）ないし（3）の事由が貸付金債権等の実質的価値に影響を及ぼすと考えられる典型的な要因であることは否定できないが、その実質的価値に影響を及ぼす要因は、ほかにも多種多様なものが考えられ、必ずしも法的倒産手続や任意整理手続などが実施されておらず、かつ営業も継続しているような場合であっても、貸付金債権等の実質的価値が額面金額に満たない事態は存在する。（中略）そうすると、（「その他その回収が不可能又は著しく困難であると見込まれるとき」とは）（1）ないし（3）の事由に準ずるものであって、それと同視し得る事態に限り、債権額の全部又

は一部を評価額に算入しないとする扱いは相当とはいえず、仮に同通達205の趣旨がそのようなものであるとするならば、その合理性に重大な疑問を抱かざるを得ない（このような同通達205の厳格な適用によってのみ、租税公平主義が実現されるとの立論に与することはできない。）

　したがって、（「その他その回収が不可能又は著しく困難であると見込まれるとき」とは）上記（1）ないし（3）の事由に準ずるものであって、それと同視し得る事態に当たらない場合であっても、貸付金債権の回収可能性に影響を及ぼし得る要因が存在することがうかがわれる場合には、評価時点における債務者の業務内容、財務内容、収支状況、信用力などを具体的総合的に検討した上で、その実質的価値を判断すべき（※下線筆者）ものである。

ロ　名古屋高裁平成17年6月10日判決（上記イの控訴審）

　債権回収の可能性や程度の検討は、まず、（中略）債権の回収可能性に影響を及ぼしうる要因の存否を、評価時点までの客観的指標、特に、会計帳簿の記載や外形的に明らかな事実を中心に行い、そのような危惧を抱かせる事情が存しないと判断される場合には、これに反して債権の回収可能性に影響を及ぼすべき要因が存在することが的確に窺えないかぎりは、（中略）、評価時点における債務者の業務内容、財務内容、収支状況、信用力などを具体的総合的に検討した上で、その実質的価値を判断するまでもなく、額面どおりの時価であると評価することが相当（※下線筆者）である。

（2）厳格に解した裁判例【国側が主張の根拠とした裁判例】

イ　東京高裁平成21年1月22日判決

　評価通達205は、同通達205（1）ないし（3）の事由のほか、「その他その回収が不可能又は著しく困難であると見込まれるとき」も同通達204による評価の例外的事由として掲げているが、これが同通達205（1）ないし（3）の事由と並列的に規定されていることは規定上明らかである。このような同通達205の趣旨及び規定振り

からすると、同通達205にいう「その他その回収が不可能又は著しく困難であると見込まれるとき」とは、同通達205（1）ないし（3）の事由と同程度に、債務者が経済的に破綻していることが客観的に明白であり、そのため、債権の回収の見込みがないか、又は著しく困難であると確実に認められるときであると解すべきであり、同通達205（1）ないし（3）の事由を緩和した事由であると解することはできない。（※下線筆者）

ロ　東京高裁昭和62年9月30日判決（最高裁昭和63年3月24日判決において原審維持）

　評価通達205では、「貸付金債務等の評価を行う場合において、その債務金額の全部又は一部が、課税時期において次に掲げる金額に該当するときその他その回収が不可能又は著しく困難であると見込まれるときにおいては、それらの金額は元本の価格に算入しない。」としており、右に「次に掲げる金額」には、債務者が手形交換所において取引停止処分を受けたとき、会社更生手続、和議の開始の決定があつたとき、破産の宣告があつたとき等の貸付金債務等の金額及び和議の成立、整理計画の決定、更正計画の決定等により切り捨てられる金額等を掲げている。すなわち、同通達205の「次に掲げる金額に該当するとき」とは、右に示したように、いずれも、債務者の営業状況、資産状況等が客観的に破たんしていることが明白であつて、債務の回収の見込みのないことが客観的に確実であるといいうるときをさしているものということができる。したがつて、同通達205の「その他回収が不可能又は著しく困難であると見込まれるとき」というのは、右に述べた「次に掲げる金額に該当するとき」に準じるものであつて、それと同視できる程度に債務者の営業状況、資産状況等が客観的に破たんしていることが明白であつて、債務の回収の見込みのないことが客観的に確実である（※下線筆者）といいうるときであることが必要であるというべきである。

　ハ　その他上記イ及びロと同旨の判断をしている裁判例
　　（イ）大阪高裁平成15年7月1日判決
　　（ロ）大阪高裁平成23年3月24日判決
　　（ハ）福岡高裁平成28年7月14日判決

（3）小括
　評価通達205の「その他その回収が不可能又は著しく困難であると見込まれるとき」の解釈について、納税者側が主張した解釈を示している裁判例は、上記2（1）イの名古屋地裁平成16年11月25日判決（以下「名古屋地裁判決」という。）及びその控訴審である上記同ロの名古屋高裁平成17年6月10日判決（以下「名古屋高裁判決」という。）のみである。
　他方で、国側が主張の根拠とした東京高裁平成21年1月22日判決は、それと同旨の判断をしている裁判例として上記（2）ロ及びハのとおり多数存在する。

3　名古屋地裁判決について
（1）名古屋地裁判決の解釈と判断（結論）
　同判決は、評価通達205の「その他その回収が不可能又は著しく困難であると見込まれるとき」の解釈について、国側が主張する解釈よりも弾力的にとらえ、「（評価通達205）（1）ないし（3）の事由に準ずるものであって、それと同視し得る事態に当たらない場合でも、貸付金債権の回収可能性に影響を及ぼし得る要因が存在することがうかがわれる場合には、評価時点における債務者の業務内容、財務内容、収支状況、信用力などを具体的総合的に検討した上で、その実質的価値を判断すべき」（※下線筆者）と判示している。
　なお、同判決は、債権の回収可能性は、財務内容だけで決定されるものではなく、その借入れを含む資金調達能力や信用力などにも大きく左右される旨判示し、結論において、当該会社が実質的に債務超過状態にあったとしても、事業を現に継続しており、金融機関から新規融資を受ける一方、返済も順調に行われていること等から、回収可能性について疑問を抱かせる事情は認めることができないとして、当該会社への貸付

金は額面で評価すべきと判断し、国側が勝訴した事例である。

（2）小括

　名古屋地裁判決の上記解釈は、その上級審である名古屋高裁判決においても引用されている。

　一方、名古屋高裁判決では、原審を引用する他に、補正として上記2（1）ロの 枠囲み 部分

> 　（債権回収の可能性や程度の検討に当たり、評価時点までの客観的指標、特に、会計帳簿の記載や外形的に明らかな事実を中心に行い、そのような危惧を抱かせる事情が存しないと判断される場合には、これに反して債権の回収可能性に影響を及ぼすべき要因が存在することが的確に窺えないかぎりは（※下線筆者）、評価時点における債務者の業務内容、財務内容、収支状況、信用力などを具体的総合的に検討した上で、その実質的価値を判断するまでもなく、額面のとおりの時価であると評価することが相当（※下線筆者）である旨）

の判断を加えている。

　すなわち、名古屋地裁判決で判示した解釈について、その上級審である名古屋高裁判決では、条件を付し、より厳格な判断を示しているといえる。

　また、名古屋高裁判決及び名古屋地裁判決が示した解釈については、結論において国側が勝訴しておりその処分が取り消されていないため、その上級審において国側が解釈について反論する余地がないものであったと窺える。

4　裁判例を参照する際の留意事項

　本件は、納税者と国側が、評価通達の解釈についてそれぞれ異なる裁判例を基に主張を展開したところ、裁判所は国側の主張を採用し、その解釈に基づいて事実認定をした結果勝訴した事例である。今後の調査において裁判例を参照する際は、次のことに留意して調査に生かされたい。

（1）確定しているか

　　上訴の有無を確認し、上級審により取消し、変更又は破棄がされて

いないかどうか確認すること。なお、第一審判決、控訴審判決及び上告審判決がある場合には、効率的な読み方は、上告審から読む方法であるが、正確に理解するためには第一審から順に全級審を読む必要がある。

【確認方法】判例等データベース、税務情報データベース等
（２）射程の範囲の検討（裁判所の認定事実と法律的判断の結論を併せて読むこと）

　　裁判所は、①規範（法令の規定、法令解釈、制度等）を示し、②事実認定を行い、③結論として、認定した事実を規範に当てはめた上で、法的効果を判断している（これを「法的三段論法」という。）。すなわち、裁判所は、常に認定した具体的な事実に基づいて判断をしており、その判断は事実に即したものである。したがって、判決文は、結論だけでなく、認定された事実関係をよく精査し、その判決の射程について検討する必要がある。（※下線筆者）

　実務ではほぼ遭遇しませんが、仮に前提事実が全く（ほぼ）同じで、争点も全く（ほぼ）同じという裁決・裁判例があれば、先述の先例価値の有無は後回しで検討してもよいです。しかし、当局は上掲のように意識しており、これは納税者でも同様の意識を持つことが必要になります。

　筆者が士業から租税法ご相談業務を執務していると、たびたび近似の事案で納税者の主張が認められた裁決・裁判例はないか、と聞かれます。確かに近似の事案での納税者主張が認められたケースは場合によっては存在します。しかし、先ほどからの理由でそれがそのまま当局反論への証拠として成立するか、については原則としては成立しない可能性が高い、と申し上げております。この辺りは弁護士の案件へのスタンス（平たく言えば、自身は法文をこのように解釈しているのでこのように主張する、結果は裁判所が判断することだ、というスタンス）と税理士の案件へのスタンス（平たく言えば、法文、通達等々の規範どおりに執務しないと原則として当局は認めない、自身の独自の解釈論等々は無意味というスタンス）が全く分かれるところです。本書読者は税理士を想定し

ているので税理士が弁護士スタンスをとることは自身がリスクを負うだけになりますので控えることを強く推奨します。

【参考】最高裁判所民事判例集（民集）に登載された最高裁判決は、最高裁判所調査官による判例解説が、『法曹時報』及び『最高裁判所判例解説（民事編）』に掲載される※ため、当該解説によりその最高裁判決の射程の範囲について検討することが可能である。

　例えば、左記の平成22年10月15日最高裁判決は、民集に登載されているところ、最高裁判所判例解説は次のように、本最高裁判決の射程に関する記載があることから、当該解説を参考に、十分にその内容を検討するとよい。

「なお、本判決は、（ア）被相続人が所得税更正処分等に基づき所得税等を納付するとともに同処分等の取消訴訟を提起していたところ、その係属中に被相続人が死亡したため相続人が同訴訟を継続し、同処分等の取消判決が確定するに至ったという場合についての判断であって、（イ）被相続人が更正処分等に基づき所得税等を納付して死亡した後に、相続人が同処分等の取消訴訟を提起し、同処分等の取消判決が確定するに至ったという場合については、直接判示するもではない（中略）。」

※これらのほか、当該判例解説のダイジェスト版が『ジュリスト』に「最高裁時の判例」として掲載される。なお、これらの書籍は国立国会図書館等のほか、判例秘書イントラ版（署審理専門官等の審理担当部署が閲覧可能）にて閲覧可能。

　先述の先例価値ですが税理士自身で判断することは煩雑ですし、誤る可能性もあります。上掲【参考】に記載のように民集や判タ等々、無数の裁判例から重要なものを掲載した文献は多くあります。弁護士にリサーチさせることを推奨します。

（3）第一審の判断が上級審により引用だけでなく補正がされていない
　か
　　上級審において、下級審の判断について結論は維持されているがそ
　の理由が改められたり、加えられる等の補正がされることがあるため、
　判決内容をよく確認する。
（4）法解釈と結論（結果）の関係
　　名古屋高裁判決のように、結論において勝訴している場合にはその
　解釈について争う余地がなかったような事例がある。このような場合
　の解釈が独り歩きしている場合もあり、他に異なる解釈の裁判例がな
　いかどうか注意が必要である。（※下線筆者）
（5）同じ論点について最高裁判決が存在するか
　　最高裁判決が既に存在するにも関わらず、同じ論点についての下級
　審の裁判例のみを参考にすることがないように注意する。また、最高
　裁判決であっても後で変更されている場合もあるため、よく確認する。
（6）納税者の主張に沿う裁判例が示された場合、鵜呑みにしないこと
　　納税者が示した裁判例につき、法令解釈通達との整合性に留意した
　上で、上記（1）〜（5）を確認するほか、国側の主張に沿う裁判例
　がないかを検討する。
〔参考文献〕中野次雄『判例とその読み方』（三訂版）、伊藤義一『税法
　の読み方 判例の見方』（改訂第三版）

　重要情報2
【取引相場のない株式の評価／債務免除・確実な債務】
　被相続人が放棄した債権の額は同族会社A社に対する貸付金債権の全
部であり、元役員らに対する債務は確実な債務とは認められないことか
ら、被相続人からA社の株主である審査請求人へのみなし贈与（相法9）
があったとして、相続税法19条《相続開始前3年以内に贈与があった
場合の相続税額》1項の規定を適用した更正処分は適法であるとされた
事例（平24.10.17裁決）

〔裁決の要旨〕

　本件は、原処分庁が、被相続人が生前にした同族会社（Ａ社）に対する債務免除により同社の株式の価額が増加したことが、被相続人から同社の株主である審査請求人への贈与とみなされるなどとして、請求人に対して相続税の更正処分及び過少申告加算税の賦課決定処分をしたことに対し、審査請求人が、当該債務免除の一部が無効であるなどとしてその処分の一部の取消しを求めた事案である。

　審査請求人は、本件貸付金は、Ａ社から被相続人への交付金が再びＡ社に戻されただけのもので、資金移動の裏付けを欠くものであり、貸付け自体が無効であって、貸付けではない旨主張する。しかし、被相続人がＡ社から取得した金銭を改めてＡ社に貸し付けることも法律上可能なのであり、このような資金の流れであることをもって、金銭の貸付けではないということはできない。なお、仕訳の内容からすると、Ａ社は、被相続人に資金を交付すれば、元役員らに対する債務（未払金・仮受金）が消滅すると考えていたものと解されるところ、それを前提とすれば、Ａ社に残された処理は平成13年10月５日のＢ銀行からの借入金の返済のみとなり、Ａ社がその返済資金を被相続人からの借入金で賄ったことは、むしろ自然であるというべきである。したがって、審査請求人の主張には理由がない。

　上記のとおり、平成13年10月24日の資金移動は、被相続人からＡ社への金銭の貸付けであったと認められるのであり、これを含め、被相続人からの借入金の残高は、債権放棄等を経て、各事業年度末における被相続人からの借入金の残高のとおり推移し、平成18年８月31日における額は、本件債権の額と同額になったものと認められる。

　商行為により生じた債務については、商法第522条《商事消滅時効》に５年の消滅時効が規定されているところ、元役員らに対する債務については、元役員らからＡ社に対する請求やＡ社の債務承認といった時効中断事由は認められないし、証拠上、その他の時効中断事由も認められない。したがって、当該債務については、遅くとも平成18年10月24日には、既に消滅時効は完成していたと認められる。

　本件債権の放棄の時及び相続の開始の日において、既に消滅時効の完成した元役員らに対する債務は、確実と認められる債務に該当しないことから、債務が仮に存在していたものとしても、審査請求人の主張する債務があるとして、Ａ社の株式を評価することはできない。したがって、債務の存否に関わらず、審査請求人の主張する債務があるとして、Ａ社の株式を評価することはできない。

　被相続人が放棄した債権の額はその全額であり、元役員らに対する債務及び本件交付金に相当するＡ社の債権があるとしてＡ社の株式を評価することができないことから、相続税法第19条の規定により、請求人が本件相続の開始前３年以内の贈与により取得したとみなして本件相続に係る相続税の課税価格に加算される経済的利益の額は、本件債権の放棄の時点において増加したＡ社の株式１株当たりの価額に、同時点で請求人が保有していたＡ社の株式の株数（34,920株）を乗じた金額となり、また、本件相続により審査請求人が取得した本件株式の価額は、本件相続の開始の日における本件株式の１株当たりの価額447円に、審査請求人が本件相続により取得した本件株式の株数（368,280株）を乗じた164,621,160円となり、それぞれ本件更正処分と同額となる。

　したがって、審査請求人の相続税の課税価格及び納付すべき税額を計算すると、本件更正処分の額と同額であることから、本件更正処分は適法と認められる。

Ⅲ−2　会社とそのオーナー間の金銭消費貸借契約に係るエビデンス

> **Q** オーナー（同族特殊関係者）と同族法人との間の金銭消費貸借契約に係るエビデンスについて教えてください。

> **A** 実務ではそもそも作成をしていないケースが多いのですが、相続税申告や残余財産の分配、DES等々、その実在性について検討しなければならない事態に非常に多く遭遇します。このため下記のエビデンスについて日頃の実務から作成する必要があります。

【解　説】
（1）金銭消費貸借契約　親→子

金銭消費貸借契約書

　貸主＿＿＿＿＿＿＿（甲）、借主＿＿＿＿＿＿＿（乙）は、次の通り金銭消費貸借契約を締結した。

第1条　甲は、乙に対し、金＿＿＿＿＿万円を以下の約定で貸付け、乙は、これを借受け、受領した。

第2条　乙は、甲に対し、前条の借入金＿＿＿万円を、令和＿＿年＿＿月から令和＿＿年＿＿月まで毎月＿＿日限り、金＿＿＿万円を＿＿回の分割で、甲に持参又は甲の指定する銀行口座に送金して支払う。ただし甲乙間の合意をもって1年分後払いも許容される。

第3条　本件貸金の利息は、前月支払い後の残金に対する年＿＿パーセントの割合とし、乙は、毎月＿＿日限り当月分を甲方に持参又は

送金して支払う。ただし、甲乙間の合意を持って1年後後払いも許容される。★1

第4条 乙は、次の事由の一つでも生じた場合には、甲からの通知催告がなくても乙は当然に期限の利益を失い、直ちに元利金を支払う。
① 第2条の分割金又は第3条の利息を、2回以上連続で支払わないとき。
② 他の債務につき仮差押、仮処分又は強制執行を受けたとき。
③ 他の債権につき債務整理又は破産、再生手続開始の申立を受けたとき。
④ 乙が、甲に通知なくして住所を変更したとき。
⑤ その他本契約の条項に違反したとき。

第5条 期限後又は期限の利益を喪失したときは、以後完済に至るまで、乙は、甲に対し、残元金に対する年＿＿パーセントの割合による遅延損害金を支払う。

第6条 本契約から発生する紛争の第一審の管轄裁判所は、甲の住所地を管轄する裁判所とする。

　上記の通り甲乙間に消費貸借契約が成立したことの証しとして、本契約書2通を作成し、甲乙が署名押印の上、各1通ずつを保持する。

令和　年　月　日
　　　　　　　　　貸主（甲）住所
　　　　　　　　　　　　　　氏名　　　　　　　　　　　印

　　　　　　　　　借主（乙）住所
　　　　　　　　　　　　　　氏名　　　　　　　　　　　印

★ 1

　親子間なので利率の設定まで神経質になる必要はありません（相基通9－10）。元本が大きいもののみ配慮すべきです。

　元本：1年後1年分後払い、返済は必須（贈与認定回避）

　利息：1年後1年分後払い

でも問題ありません。

　非常に元本が大きく仮に利率を考慮するなら適正な利率の決定として、

・平均調達金利

・無借金の場合、短期プライムレート以下の金額

になります。法人間と同様の設定でも問題ありません。

　上掲契約書の他に通帳間を通した元本の返済が必要です。現金授受では疎明力が一切ありません。借主が未成年者など幼児の場合、法定代理人親署名押印が必要です。この場合、印鑑は別にします。計3種の印鑑が必要になります[5]。

---

5 贈与契約の事例ですが、「贈与契約に顕名なしも、代理行為は有効（週刊T& Amaster 2022年10月3号・№948）審判所、贈与手続は請求人に包括委任と判断し原処分を全部取消し」についても併せてご参照ください。

（2）金銭消費貸借契約　社長→法人（法人→社長）

取締役会議事録

（中略）

【議案】

第1号議案　金銭消費貸借契約締結の件（多額の借財（借入）の件）[1]

　議長は○○○○○○○○○○○○○○○○○○○○資金が必要であり、○○○○との間で下記及び別紙の条件で、借入れを行いたい旨の提案を行い、その承認を求めたところ出席取締役全員異議なく承認可決した。

記

借入日：　　　　令和○年○○月○○日

借入額：　　　　金○○○○○○○○円

返済日：　　　　令和○年○○月○○日

利息：　　　　　年○％

損害金：　　　　年○％

返済方法：　　　別紙返済計画表を参照のこと

以上

★1

　オーナー貸付け（役員借入金）では疎明力が高まります。確定日付があるとなお望ましいです。

金銭消費貸借契約書

　貸主_____（甲）、借主〇〇株式会社（乙）とは、甲が乙に対し、乙の営業資金にあてるため、次の通り金銭消費貸借契約を締結した。[★1]

第1条　甲は、乙に対し、金_____万円を以下の約定で貸付け、乙は、これを借受け、受領した。[★2]

第2条　乙は、甲に対し、前条の借入金_____万円を、令和___年___月から令和___年___月まで毎月___日限り、金_____万円を___回の分割で、甲に持参又は甲の指定する銀行口座に送金して支払う。ただし甲乙間の合意をもって1年分後払いも許容される。

第3条　本件貸金の利息は、前月支払い後の残金に対する年___パーセントの割合とし、乙は、毎月___日限り当月分を甲方に持参又は送金して支払う。ただし、甲乙間の合意を持って1年後後払いも許容される。[★3]
（以下略）

[★1]

　上記と真逆であるオーナー借入金については、

・議事録は「できれば」あったほうがよいです。

・金銭消費貸借契約書作成は必要です。

・元本返済のみならず利息の計上も必須です。

[★2]

　利率の設定まで神経質になる必要はありません（パチンコ平和事件）。

　元本：1年後1年分後払い（返済は必須）についてもあまり配慮する必要はありません。

★3

利息：1年後1年分後払いでも問題ありません。

利率を考慮するなら適正な利率の決定として、

・平均調達金利

・無借金の場合、短期プライムレート以下の金額

　になります。法人間と同様の設定でも問題ありません。

Ⅲ－3　オーナー貸付金のうち原始証拠がない場合の証拠保全の方法

> **Q** オーナー貸付金（法人にとってはオーナー借入金）について原始証拠がない場合、現時点での証拠保全の方法を教えてください。

> **A** シリーズ＜法人編＞でも解説していますが、法人でのオーナー借入金の実在性を担保するため、別途契約書を残すことがあります。いつの時点での残高で債務承認するのかが実務上問題になります。弁護士等によって見解がかなり異なりますが、租税実務の観点からすると、
>
> ・保守的に残高を設定したい場合、最大値の残高を使う
>
> ・時効を主張するのであれば、時効以降で最大値の残高を使う
>
> 後者ですが、本来の当初金銭消費貸借契約時に当事者間で金銭消費貸借の意思の合致は通常していないはずです。ということは時効の起算点が存在しない、という点について事実認定に着地する可能性があります。

【解　説】

　法人でのオーナー借入金の実在性を担保するため、別途契約書を残すことがあります。いつの時点での残高で債務承認するのかが実務上問題になります。

　弁護士等によって見解がかなり異なりますが、租税実務の観点からすると、

　・保守的に残高を設定したい場合、最大値の残高を使う

　・時効を主張するのであれば、時効以降で最大値の残高を使う

にせざるを得ません。そして保守的なほうを採用すべきです。

　後者ですが、本来の当初金銭消費貸借契約時に当事者間で金銭消費貸

借の意思の合致は通常していないはずです。ということは時効の起算点が存在しないとも考えられます。これは事実認定に着地します。

債務承認契約書[6]

　○○○○（以下、「甲」という。）及び○○○○（以下、「乙」という。）は、乙の甲に対する借入金について、本日、以下のとおり確認合意した。

　第1条（債務の確認）甲及び乙は、令和○年○月末日現在、乙が甲に対して、金銭消費貸借契約に基づく借入金債務として、金○円の債務を負っていることを確認する。

　以上のとおり、確認合意が成立したので本契約書を2通作成し、各自押印の上、各1通を所持することとする。

　令和　年　月　日

　　　　　　　　　　　　甲）住所
　　　　　　　　　　　　　　氏名　　　　　　　　　　　印

　　　　　　　　　　　　乙）住所
　　　　　　　　　　　　　　氏名　　　　　　　　　　　印

6（参照）印紙と契約書に係る諸論点
　永井徳人・他『契約書に活かす税務のポイント―比べて分かる基本とスキーム選択・条文表現』中央経済社（2016/3/24）該当箇所を適宜参照しています。
○契約金額変更
・増減額の記載…増額の場合、それに応じて印紙税決定、減額の場合、印紙税の課税文書に非該当
・増減額が記載内容から算出できる場合…上記と同じ取扱い
・契約後の金額のみ分かる場合…契約後の金額で印紙税決定
すなわち、増減額（差額）で判定した方が印紙税は安く済むので有利です。

　オーナー貸付金（会社では役員借入金）については、契約書の作成は必須です。これは、そもそもが金銭消費貸借であったか、贈与にあたるのか否かの判断における出発点になるからです。金銭消費貸借の契約が仮にない、という場合、

・通帳間での実際の資金移動（ただし、定期的に返済している事実が確認できていることが必須、返済の事実が長期にわたりない場合、贈与認定）
・帳簿記入（勘定科目内訳書作成も含めて）

という間接証拠の積み重ねが必要となります。オーナー法人では帳簿記入はほとんど疎明としては意味がないため（帳簿の記入に恣意性を介入できるから）、通帳間の移動のほうが疎明力は強いです。しかし、いずれにせよ原始契約書がない場合、金銭消費貸借か贈与かに係る事実認定は必ずなされます。

　なお、原始契約書がない場合、時効も原則として成立しません。これも事実認定に着地しますが、例えば契約書がない状態で、上記「・」については整理完備されていたとしても、いわゆる時効の起算点が明確にはなりません（通帳間の移動年月日で主張し得るかどうかは事実認定の

○消費税の記載
下記では実務でOKなものには一番頭にOK印を付しています。
・内税、外税記載なし…税込金額で決定
OK・外税で消費税額の記載なし…税抜価格で判定
OK・内税で消費税額の記載あり…税抜価格で決定
OK・内税・外税の金額併記…税抜価格で決定
・内税で消費税率記載あり…税込価格で決定
・内税で消費税額の記載なし…税込価格で決定
○課税事項と不課税事項の混在
・代金内訳あり…当該内訳に応じて判定
・代金内訳なし…契約金額全体に応じて判定
○複数の課税事項を含む場合
・2つ以上の課税事項含む契約書はいずれか1つにより判定
…それぞれの契約金額を比較し最も大きい契約に係る金額で判定
・内訳ない場合
…契約金額全体で判定
○契約書の原本とコピー
契約書原本は2通作成せず、1つをコピーとすれば印紙税の節税になります。

問題です。）。

　仮に時効論点の主張をしたいのなら、かなり保守的な手法ですが、債務承認契約書を作成することで当事者間の意思の合致を証明し、起算点を明確にすることができます。より詳細を研究したい方は最判昭和56年6月30日判タ447号76頁をご参照ください。

Ⅲ－4　持分会社を活用した相続税節税のプランニング

持分会社を活用した相続税節税のプランニングについてご教示ください。

A 下記のようなプランニングですが、実効性に疑義があります。

【解　説】

　合名会社等の無限責任社員の会社債務について債務控除の適用の可否の論点です。

　合名会社、合資会社の場合で、会社財産で債務を完済することができない状態で無限責任社員が死亡した場合、その死亡した無限責任社員が負担すべき、持分に応じた会社の債務超過額は、相続税の計算上、被相続人の債務として相続税法第13条の規定により相続財産から控除することができるか、について、国税庁は、被相続人の債務として控除して差し支えないと答えています。

　合名会社の財産だけでは会社の債務を完済できないときは、社員は全員が連帯して会社の債務を弁済する責任を負うとされ、退社した社員は本店所在地の登記所で退社の登記をする以前に生じた会社の債務に対しては責任を負わなければならないとされているため、というのが理由です[7]。

---

[7]　無限責任社員が複数いる場合において債務超過である場合については、会社法580条を参照します。当該持分会社の財産をもってその債務を完済できなかった場合には、無限責任社員が無限に連帯して責任を負うことになっております。
　この責任については、出資の多寡は問われていないため、会社に財産がない場合、債権者は社員一名に全ての請求をすることができます。
　ただし、連帯責任となっておりますので、他の社員に代わって弁済を行った社員は他の社員に対して自己の責任を超える範囲について求償を求めることができます。自己の責任の範囲は無限責任社員数により変動いたします。

【質疑応答事例】

合名会社等の無限責任社員の会社債務についての債務控除の適用[8]

〔照会要旨〕

合名会社、合資会社の会社財産をもって会社の債務を完済することができない状態にあるときにおいて、無限責任社員が死亡しました。この場合、その死亡した無限責任社員の負担すべき持分に応ずる会社の債務超過額は、相続税の計算上、被相続人の債務として相続税法第13条の規定により相続財産から控除することができますか。

〔回答要旨〕

被相続人の債務として控除して差し支えありません。合名会社の財産だけでは、会社の債務を完済できないときは、社員は各々連帯して会社の債務を弁済する責任を負うとされ（会社法580）、退社した社員は、本店所在地の登記所で退社の登記をする以前に生じた会社の債務に対しては、責任を負わなければならない（会社法612①）とされています。

【関係法令通達】

相続税法第13条第1項

会社法第580条[9]、第612条第1項

1人株主会社があったとします。実態貸借対照表で実質債務超過の会社です。これを組織変更して1人合名会社にします。当該法人はオーナーからの貸付金があり、オーナーの相続財産において券面額で資産計上さ

民事法（会社法）上は当該取扱いですが、租税法においては、肩代わり返済をすることでみなし贈与の課税関係が生じます。

8　なお、この理由で、合名会社の出資の評価においては、死亡退職金相当額を債務として計上することは差し支えありません。

9　会社法580条

（社員の責任）

第580条　社員は、次に掲げる場合には、連帯して、持分会社の債務を弁済する責任を負う。

一　当該持分会社の財産をもってその債務を完済することができない場合

二　当該持分会社の財産に対する強制執行がその効を奏しなかった場合（社員が、当該持分会社に弁済をする資力があり、かつ、強制執行が容易であることを証明した場合を除く。）

れることになります[10]。

　債務超過相当額は債務控除にあてます。結果、相続財産が減少します。または1人合名会社がある場合、これを債務超過の株式会社と合併すると債務超過にするという手法もあります。

10　一方で、同族法人においては相続発生時に実質債務超過という実態だけでは財産評価基本通達205項は発動しません。
　　相続税申告時においてオーナー貸付金（会社借入金）は単なる実態貸借対照表ベースでの債務超過、経営不振等でも一切、減価することはできません。にもかかわらず、当該プランニングを利用すると、もともとの制度趣旨が違うため（上記の質疑応答事例は会社法の原則的な考え方から導かれるものです。）、減価できてしまいます。
　　制度趣旨が異なるため平仄を合わせる蓋然性は全くないものの、根拠法文が違う、つまり、かたや財産評価基本通達（通達のため法文ではありません）、かたや会社法と、異なる使い分けをするのみで減価されるのは私見では腑に落ちません。
　　【財産評価基本通達205項】（貸付金債権等の元本価額の範囲）
　　205　前項の定めにより貸付金債権等の評価を行う場合において、その債権金額の全部又は一部が、課税時期において次に掲げる金額に該当するときその他その回収が不可能又は著しく困難であると見込まれるときにおいては、それらの金額は元本の価額に算入しない。
　(1)　債務者について次に掲げる事実が発生している場合におけるその債務者に対して有する貸付金債権等の金額（その金額のうち、質権及び抵当権によって担保されている部分の金額を除く。）
　　（中略）
　　ヘ　業況不振のため又はその営む事業について重大な損失を受けたため、その事業を廃止し又は6か月以上休業しているとき
　　（中略）
　　上掲ヘが実務上は適用できないか、と疑義が生じるところになります。しかし、上掲をもって係争機関で納税者が勝った事案はありません。私見ですが、当該通達は例示列挙通達ではなく、限定列挙通達になるのではないかと、過去の裁決・裁判例から読みとれます。

Ⅲ－5　相続税節税のプランニングにおける留意点

 前Qのプランニングでの留意点についてご教示ください。

A 下記の事項を総合勘案する必要があります。

【解　説】

（1）債務超過部分を債務控除の対象とするための要件

　債務超過分部分は無限責任社員の連帯債務であり、債務控除の対象となるのは被相続人が負担することとなることが確実と認められる債務相当額であるということ、つまり、

・①相続開始時に評価会社の経営が行き詰まり、

・②債務超過が著しい場合で、

・③当該債務について死亡した無限責任社員が責任を負うことは確実で、

・④かつ相続において負担すべき金額が確定している場合に、

債務超過部分を債務控除に使えるということになります[11]。

（2）事実認定の問題

　「なぜ」1人株式会社を1人合名会社に組織変更したかということについて経済的合理性が問われます。そしてその疎明は納税者がすべきものです。納税者側の理論武装として何かしらの根拠を考えなければならないことになりますが、会社法上認められた組織変更というシステムということはあるものの、1人の株式会社を1人の合名会社にするということに関して経済的合理性がある理由は思いつきません。

11　竹内陽一・掛川雅仁編著『自社株評価Q&A』352頁　清文社　2017年

　当該プランニングについては実務上の事例集積段階にあるので、実行する場合は慎重に行う必要があります。

　事実認定の問題について、下記のような見解もあります[12]。当該プランニングは、所得税基本通達64－3や相続税法基本通達14－3とのバランスの問題がとれているか、という観点からのチェックも入る余地があり得ます。

【所得税基本通達64－3】
（回収不能額等が生じた時の直前において確定している「総所得金額」）

64－3　令第180条第2項第1号《資産の譲渡代金が回収不能となった場合等の所得計算の特例》に規定する「総所得金額」とは、当該総所得金額の計算の基礎となった利子所得の金額、配当所得の金額、不動産所得の金額、事業所得の金額、給与所得の金額、譲渡所得の金額、一時所得の金額及び雑所得の金額（損益通算の規定の適用がある場合には、その適用後のこれらの所得の金額とし、赤字の所得はないものとする。）の合計額（純損失の繰越控除又は雑損失の繰越控除の規定の適用がある場合には、当該合計額から総所得金額の計算上控除すべき純損失の金額又は雑損失の金額を控除した金額とする。）をいうものとする。

（注）上記の譲渡所得の金額とは、長期保有資産（法第33条第3項第2号《譲渡所得》に掲げる所得の基因となる資産をいう。）に係る譲渡所得であっても、2分の1する前の金額をいうことに留意する。また、一時所得の金額についても同様である。

【相続税法基本通達14－3】
（保証債務及び連帯債務）

14－3　保証債務及び連帯債務については、次に掲げるところにより取り扱うものとする。

⑴　保証債務については、控除しないこと。ただし、主たる債務者が弁

12　内倉裕二『資産税事例検討会』28頁　税務研究会税務情報センターより

済不能の状態にあるため、保証債務者がその債務を履行しなければならない場合で、かつ、主たる債務者に求償して返還を受ける見込みがない場合には、主たる債務者が弁済不能の部分の金額は、当該保証債務者の債務として控除すること。

(2)　連帯債務については、連帯債務者のうちで債務控除を受けようとする者の負担すべき金額が明らかとなっている場合には、当該負担金額を控除し、連帯債務者のうちに弁済不能の状態にある者（以下14-3において「弁済不能者」という。）があり、かつ、求償して弁済を受ける見込みがなく、当該弁済不能者の負担部分をも負担しなければならないと認められる場合には、その負担しなければならないと認められる部分の金額も当該債務控除を受けようとする者の負担部分として控除すること。

　合名会社等の無限責任社員も、会社が返済できない状況にあり、かつ主たる債務者に求償しても返還を受けることができない場合に債務控除の対象となるものであって、
・会社が債務を返済することができないかどうかは事実認定の問題であり、単に債務超過であれば債務控除ができるというものではない
という見解です。
　相続直前に同族法人経由で意図的に債務控除を作出して、相続税法64条で否認された事例があります。同族法人で不動産を時価よりはるかに高額で借入金により購入し、その借入金の連帯保証人に当該同族法人の代表者がなります。当該代表者がなくなった場合、その連帯保証分は債務控除の対象とできます。
　これについて裁判例では、法人を経由した相続税の圧縮行為とみなして相続税法64条を発動しています。

重要情報1

〇大阪地方裁判所平成16年（行ウ）第97号相続税決定処分等取消請求事件、平成16年（行ウ）第141号差押処分取消請求事件（棄却）（控訴）国側当事者・平成16年（行ウ）第97号につき茨木税務署長、平成16年（行ウ）第141号につき大阪国税局長平成18年10月25日判決【相続税法64条1項における「不当に減少」の判断基準／高額な土地取引】

〔判示事項〕

　被相続人の遺言書の内容と被相続人と同族会社との間の土地売買契約の内容とが符合しないことなどから、当該売買契約は仮装された存在しないものであるとする課税庁の主張が、当該売買契約書が被相続人の意思に基づいて作成されたものではないと認めるのは困難であるとして排斥された事例。

　相続税法第64条第1項（同族会社の行為又は計算の否認等）における「相続税又は贈与税の負担を不当に減少させる結果となると認められる」場合の判断基準。<u>同族会社と被相続人との間で締結された土地売買契約は、経済的、実質的見地において純粋経済人の行為として不自然、不合理なものというほかなく、</u>（※下線筆者）同社の株主である納税者らの相続税の負担を不当に減少させる結果をもたらすものであることは明らかであるとされた事例。

　被相続人と同族会社との間の土地売買契約は、当該同族会社を存続させるための唯一の方策として採用したものであり、被相続人らには不当に相続税の軽減を図るという意図など全くなかったから、当該売買契約は相続税法第64条第1項（同族会社の行為又は計算の否認等）により否認することができる場合に該当しないとの納税者の主張が、<u>当該売買契約の究極的な目的が納税者の主張するとおり同族会社を存続させることにあるとしても、時価相当額の13倍をこえる価格を売買契約の代金額として定めることが、経済人の行為として合理的かつ自然なものとは</u>

到底いうことはできないのみならず、当該売買契約の締結に至る経過事実に照らしても、当該売買契約が納税者らの相続税の不当な軽減を図ることを目的として締結されたものであることは明らかであるとして排斥された事例。（※下線筆者）

　納税者は土地売買契約に基づき同族会社の借入金債務を承継することになり、それと合わせて相続税等を支払う能力はなかったところ、納税者のように担税力のない者に相続税法第64条第1項（同族会社の行為又は計算の否認等）を適用することは同項の趣旨に反するとの納税者の主張が、納税者が同族会社の借入金債務を負担することになったのは、納税者が代表取締役を務める同族会社が相続税法第64条第1項の規定による否認の対象となるような土地売買契約を締結したことによるのであり、しかも、納税者に同項を適用しないことにより、かえって租税回避行為が容易に行われるのを防止して租税負担の適正化を図るという同項の趣旨、目的が害されることになるとして排斥された事例。

　（中略）

　同族会社の損益計算書において当期未処理損失が計上され、債務超過状態にあったことがうかがわれるものの、同社について破産、会社更生等の法的整理手続が進行していたり、同社が事業閉鎖により再起不能であったなどの事情はなく、同社は被相続人の死亡後もその事業を継続していたと認められることからすれば、相続開始時において被相続人が同族会社から保証債務に係る求償権の履行を受ける見込みがなかったということはできず、よって、本件における相続債務は相続税法第14条第1項にいう確実と認められる債務には該当せず、相続税の課税価格の計算上控除されないものというべき（※下線筆者）であるとされた事例（上告棄却・不受理）。

　相続直前に作為的に債務控除を作出するという点では近似事例と考えられます。

　また、下記の裁決においては本件プランニングが争点の1つとなっています。しかし、国税不服審判所の判断においては本件プランニングの

是非については一切言及しておりません。ＴＡＩＮＳの表題でも（更正の理由附記／処分の理由不備）とあるように税務調査の裁決です。当該裁決を参照とした本件プランニングの是非に係る考え方は一切関係ありません。

　なお、

　「債務を含む会社財産の評価時期は、会社債権者の請求の時であり、会社の債務超過の立証責任は、会社債権者にあるとされている。」

　と当局は主張しておりますが、同族特殊関係者間法人（個人）においてはこれがさらに厳密に見られます。詳細はシリーズ＜法人編＞で解説しています。

重要情報２

（更正の理由附記／処分の理由不備）更正等通知書に記載された債務弁済責任に係る債務控除に関する処分の理由には不備があり、各更正処分のうち、債務控除に係る部分は、行政手続法第14条第１項に規定する要件を満たさない違法な処分であるから、取り消すべきであるとされた事例（平26－11－18裁決）ＦＯ－３－398

〔裁決の要旨〕

1　本件は、審査請求人らが、被相続人には会社の無限責任社員として負っている会社法第５８０条第１項に規定する「債務を弁済する責任」があるとして、相続税の課税価格の計算上、「債務を弁済する責任」を債務として控除して相続税の申告をしたところ、原処分庁が、被相続人は「債務を弁済する責任」を負っていたとは認められないから、「債務を弁済する責任」を債務として控除することはできないなどとして、相続税の更正処分等をしたのに対し、請求人らが、原処分の全部の取消しを求めた事案である。

2　争点は、①本件各処分の理由は「不利益処分の理由」として十分な記載といえるか、②本件債務弁済責任は、「相続開始の際現に存するもの」に該当し、かつ「確実と認められるもの」に該当するか否か、③本件各賦課決定処分について各更正処分が、従来の公的見解を変更

してなされたものとして、「正当な理由があると認められるものがある場合」に該当するか否か、である。

3　本件各更正通知書の「処分の理由」欄の記載からは、本件相続開始日における債務弁済責任に基づく債務が現に存しないと原処分庁が判断した理由が、例えば、①本件合資会社に14億0,181万6,220円の債務超過額が存しない、②本件被相続人が無限責任社員でない、③本件合資会社の債務超過額はおよそ無限責任社員である被相続人の債務ではない、④本件合資会社の債務超過額は無限責任社員の債務ではあるものの、本件においては、会社法第581条第1項に該当する社員の抗弁の事実があり、無限責任社員の債務として認められるための要件を満たしていない、⑤そもそも、会社法第580条第1項は、債務を弁済する責任を規定しているにすぎないという法律的な見解を前提として、会社債権者からの弁済請求を受けていない以上、本件被相続人は本件債務弁済責任に基づく債務を何ら負っていないなど、様々な可能性が考えられ、原処分庁による処分の実際の理由が、これらのどれに当たるのか、あるいはこれら以外の理由なのか、不明であるといわざるを得ない。

4～7　省略

（一部抜粋）

3　主張

（1）争点1

（中略）

（2）争点2　※下線筆者

原　処　分　庁	請　求　人　ら
次のとおり、本件債務弁済責任は、相続税法第13条第1項第1号に規定する「被相続人の債務で相続開始の際現に存するもの」に該当せず、また、同法第14条第1項に規定する「確実と	次のとおり、本件債務弁済責任は、相続税法第13条第1項第1号に規定する「被相続人の債務で相続開始の際現に存するもの」に該当し、かつ、同法第14条第1項に規定する「確実と認

認められるもの」にも該当しない。

イ　会社法第580条第1項は、持分会社の財産をもってその債務を完済することができない場合又は持分会社の財産に対する強制執行がその効を奏しなかった場合、持分会社の社員は連帯して持分会社の債務を弁済する責任を負う旨規定しているとおり、持分会社の社員に対する債務弁済責任の追及は、会社財産による完済不能、会社財産に対する強制執行の不奏功の場合にのみできるのであり、その範囲で、持分会社の社員の責任は、会社債務及び責任に対して補充性ないし第二次性を有しているといえる。そして、債務を含む会社財産の評価時期は、会社債権者の請求の時であり、会社の債務超過の立証責任は、会社債権者にあるとされている。

　このような持分会社の社員が負う債務弁済責任は、保証債務に類似するものと解されており、会社債権者が会社の債務超過を立証し、社員に対して会社債務の弁済を請求しなければ、社員が現実に負担すべき債務として確定するものではなく、その負担すべき金額も不明であるので、会社債権者から請求のない時点においては、社員が持分会社の債務弁済責任に基づいて実際に債務を負担することはあり得ない。

　また、債務と責任の分離ができることからすれば、持分会社の社員の責任は「債務なき責任」と解するのが私法の体系的理解の上から適当

められるもの」に該当する。

イ　会社法第580条第1項に規定する「当該持分会社の財産をもってその債務を完済することができない場合」とは、持分会社の債務超過を指すのであり、この事実が存在する以上、会社債務に対する社員の連帯無限の責任は当然に発生し、「現に存するもの」に該当する。そして、持分会社は根本的に組合であり、法人格を付与された組合と理解されている。この組合の法理はそのまま持分会社の無限責任社員にも当てはめられ、持分会社の財産は全て無限責任社員の共有財産であり、持分会社の債務は全て無限責任社員の連帯債務となる。

　会社法第580条第1項は、上記の組合の法理を前提として、債務超過でない場合は、会社所有の財産からの弁済を優先させるべきとし、債務超過の場合には、無限責任社員の個人所有の財産を引き当てにした請求が可能となるよう規定したものであり、持分会社の債務全部につき、無限責任社員に弁済責任があることを前提としているのである。

　また、会社法第612条第1項の規定においても、組合の欠損は脱退・解散に際し補填させられることから、無限責任社員が社員を辞めた時点で持分会社が債務超過の時は、債務超過部分を補填する義務を課しており、無限責任社員に弁済責任があることを前提としている。

　原処分庁は、会社債権者の請求の

であり、その解釈は、社員の責任は持分会社が社員の人的信用を基礎とすること、すなわち、会社信用の強化という会社法第580条の規定の趣旨目的からも適当であるとされている。

そうすると、会社債権者から持分会社の債務超過を立証することにより社員が会社債務の弁済を請求されなければ、社員は債務弁済責任に基づく債務を何ら負担することはあり得ないので、死亡した社員の債務弁済責任それ自体は、相続税法第13条第1項第1号に規定する「被相続人の債務で相続開始の際現に存するもの」に該当しない。

本件において、本件被相続人は、本件合資会社のいずれの債権者からも本件合資会社の債務の弁済請求を受けていたとは認められないことから、本件被相続人は、無限責任社員としての債務弁済責任に基づく債務を負っていたとはいえず、したがって、本件被相続人が無限責任社員として負っている会社法第580条第1項に規定する「債務を弁済する責任」は、相続税法第13条第1項第1号に規定する「被相続人の債務で相続開始の際現に存するもの」には該当しない。

ロ　加えて、会社が弁済不能の状態であるか否かは、一般に債務者が破産、和議、会社更生あるいは強制執行等の手続開始を受け、又は事業閉鎖、行方不明、刑の執行等により債務超過の状態が相当期間継続しな

有無によって無限責任社員の債務弁済責任に基づく債務の発生が左右される旨主張するが、そうであれば、無限責任社員が会社債権者から請求を受ける前に死亡した場合には、その社員の相続人は債務を負担しなくてもよいこととなる。すなわち、持分会社の無限責任社員は死亡によって当然に退社する（会社法第607条第1項第3号）ところ、無限責任社員が死亡時点において会社債権者から請求がないことにより債務を負担していなければ、その社員の相続人が債務を相続することもなく、会社債権者も相続人に請求することができなくなってしまうことになって不当である。

以上からすれば、本件被相続人が無限責任社員として負っている会社法第580条第1項に規定する「債務を弁済する責任」ないしこれに基づく債務は、相続税法第13条第1項第1号に規定する「被相続人の債務で相続開始の際現に存するもの」に該当し、本件被相続人自身の債務である以上、当然に相続税法第14条第1項に規定する「確実と認められるもの」にも該当する。

ロ　仮に、原処分庁の主張するとおり、無限責任社員の債務弁済責任の性質が保証債務に類似するものとしても、保証債務の取扱いについては、相続税法基本通達14－3《保証債務及び連帯債務》(1)に定められているところ、次のとおり、本件合資会社が弁済不能の状態にあるた

がら、他からの融資を受ける見込みもなく、再起の目途が立たないなどの事情により事実上の債権の回収ができない状況にあることが客観的に認められるか否かで決せられるべきであるところ、本件合資会社は、①破産、会社更生あるいは強制執行等の手続開始を受けた事実はないこと、②本件相続開始日の後も営業を継続しており、平成22年10月１日から平成23年９月30日までの事業年度の当期利益は赤字であるものの、営業利益を計上している状況であること、③債権者であるＤ信用金庫及び株式会社Ｃからの借入金の利息を滞ることなく支払っていること、④本件相続開始日の後に、Ｄ信用金庫及び株式会社Ｃからの借入れをいずれも完済していること、⑤本件合資会社が所有する土地及び建物について担保余力があることからすれば、本件相続開始日において本件合資会社が弁済不能の状態にあったとは認められない。

（※以上、下線筆者）

　そうすると、本件被相続人が無限責任社員として負っている会社法第580条第１項に規定する「債務を弁済する責任」に基づく債務が仮に存したとしても、同債務は、相続税法第14条第１項に規定する「確実と認められるもの」に該当しない。

め、無限責任社員がその債務を履行しなければならない場合で、かつ、本件合資会社に求償して返還を受ける見込みがない場合にも該当するから、本件被相続人が無限責任社員として負っている会社法第580条第１項に規定する「債務を弁済する責任」に基づく債務は、相続税法第14条第１項に規定する「確実と認められるもの」に該当する。

(イ)本件合資会社は、平成16年９月末をもって一般港湾運送業を中止し、その後は所有不動産の賃貸収入以外に収入はない。

(ロ)本件合資会社の負債総額は、平成17年２月から平成24年９月まで全く減少していない。

(ハ)本件相続開始日の後の本件合資会社の債務の返済のうち、株式会社Ｃへの返済350,000,000円は、請求人甲が直接返済し、Ｄ信用金庫への返済200,000,000円は、請求人甲が代表を務める他の法人からの借入金で賄っており、本件合資会社は、第三者からの独自の借入能力がない。

(ニ)本件合資会社は、平成24年９月30日に解散を決議し、資産の処分が完了し次第、清算結了する。

（３）　争点３

（後略）

Ⅲ－6　代償分割に伴う代償金等の捻出に困難を来たしていることに係るエビデンス

> **Q** 代償分割に伴う負債の利子払いと代償金の捻出に困難を伴っている背景、事情のエビデンスについて教えてください。

> **A** 代償金捻出困難における証拠は、対個人であるため生活困窮に係る証拠保全をしたいところですが、シリーズ＜法人編＞の貸倒損失での対個人で検討したように対個人におけるエビデンスについて強く主張できる決定的なものがありません。

【解　説】

　父の遺産について、相続人Ａ・Ｂ間で遺産分割を行い、遺産のすべてをＡが相続する代わりに、ＡはＢに対して相続分に見合う現金を今後10年間にわたって支払うことで協議が成立しました。利息については何も取り決めませんでした。この場合においても、利息を支払う必要はありません。また、支払わなくても贈与税は課税されません。

　被相続人の遺産を代償分割の方法により分割することとした場合、当事者間の合意でその代償債務について利息を支払うとしても、これを認めない理由は何もありません。

　また、逆に当事者同士の合意で利息を支払わないこととした場合に、その債務を負担することになった者に対して、経済的利益の享受があったとして贈与税が課税されることもありません。

　元来、代償債務は遺産分割の履行の過程で発生する分割遺産の一部と考えられ、一般取引における債務と同じものとは考えづらいからです。

　一方、当初利息を支払うこととしていたものについて、その後支払を免除した場合には、当然その免除益に対して贈与税が課税されることになります（相法8、9、相基通19の2－8）。

　なお、相続開始から１年以上要するような代償分割においても、期間の経過に伴い金銭贈与認定されることはありません。ただし、

　・代償金の捻出に困難を伴っている背景、事情

が分かるエビデンスの準備は必要です。

　対個人であるため生活困窮に係る証拠保全をしたいところですが、シリーズ＜法人編＞の貸倒損失での対個人で検討したように、対個人における証拠について強く主張できる決定的なものがありません。

　残高の少ない、生活費で全て費消してしまうような経済状況を示した通帳、行政から何かしらの補助を受けている等々を残しても、当局から少しだけでも捻出できる、と指摘される可能性はあります。

Ⅲ－7　離婚とそのエビデンス

Q 離婚とそのエビデンスについて教えてください。

A 扶養控除の適用を受けることについてのエビデンスについては、離婚協議書にその詳細を明記する必要があります。
　財産分与の分割払いについて、生活困窮以外の理由であれば離婚協議書、又は分割払いに至った後で作成する覚書で支払額、支払時期等をあらかじめ確定しておき、それに従い支払えば特段問題は生じません。

【解　説】

　養育費と扶養義務者、扶養控除などの取扱いは下記です。

　離婚に伴い、子に対する養育費の支払いが、①扶養義務の履行として、②「成人に達するまで」など一定の年齢に限って行われる場合には、その支払われている期間については、原則として「生計を一にしているもの」として扶養控除の対象とすることができます。

　甲（夫）が丙（子）の学費である養育費を負担し、乙（妻）が丙（子）の生活費を負担しているので、甲、乙いずれもが丙と生計が一であり、丙を扶養していると考えられます。

　このように、子が元夫の控除対象扶養親族に該当するとともに元妻の控除対象扶養親族にも該当することになる場合には、扶養控除は当然のことながら元夫又は元妻いずれか一方だけにしか認められません。

　したがって、扶養控除の適用を受けることについてのエビデンスは、
・離婚協議書において、
→養育費を支払っている親
→もしくは実際に同居して生活全般の扶養をしている親のいずれかにすることを、
→離婚の協議内において、お互いに合意しておくべきもの

となります。

〇居住用財産を分与した場合の課税の特例の適用の有無

　個人が居住の用に供している家屋及び敷地を譲渡した場合には、譲渡所得金額から3,000万円の特別控除（措法35）の適用があり、その居住用財産の所有期間が10年を超える場合には、居住用財産の軽減税率の特例（措法31の３）の適用がありますが、その個人の配偶者その他の親族に対する譲渡については、居住用財産の譲渡所得の特別控除及び軽減税率の特例の適用は認められていません。

　しかし、離婚に伴う財産分与は、離婚により夫婦関係が終了した後にされるものであり、配偶者に対する譲渡に該当しないので、居住用財産の譲渡所得の特別控除及び軽減税率の特例の適用が認められます（措通31の３－23、35－５）。

　この際、

・離婚前（戸籍の除籍手続前）に財産分与があっても、

・その後速やかに除籍手続が行われた場合には、

→その譲渡は財産分与時ではなく除籍後に効力が発生したものと考えられるため、

　　居住用財産の譲渡所得の特別控除及び軽減税率の特例の適用は認められます。この時系列を明確に整理し証拠保全します。

　　協議離婚成立前に一部財産を支払った、また、その後何かしらの事情で事実上の分割払いになった場合、

・その背景、事情に係るエビデンス

　を用意しておけば財産分与の一部として認められ、贈与の課税関係は一切生じません。

　前問と同様になりますが、仮に分割払いに至った原因が、生活困窮の場合、対個人であるため生活困窮に係る証拠保全をしたいところです。シリーズ＜法人編＞の貸倒損失での対個人で検討したように、対個人における証拠について強く主張できる決定的なものがありません。

　残高の少ない、生活費で全て費消してしまうような経済状況を示した

通帳、行政から何かしらの補助を受けている等々を残しても、当局から
少しだけでも捻出できる、と指摘される可能性はあります。

　生活困窮以外の理由であれば離婚協議書、又は分割払いに至った後で
作成する覚書で支払額、支払時期等をあらかじめ確定しておき、それに
従って支払えば特段問題は生じません。

第 Ⅳ 章

生前贈与の事実があることを
証明するためのエビデンス

Ⅳ－1　贈与の民法上と租税法上との異同点

> **Q** 民法上の贈与と租税法上の贈与について基本的な理解を教えてください。

> **A** 贈与について民法と租税法とで最も乖離が生じるのがみなし贈与（相法7、9）です。後述のように名義財産は相続税法（相続税、贈与税）において条文にないことから、条文を基に当局から指摘がなされることはありません。つまり、事実認定に着地するという意味です。

【解　説】

（1）民法上の贈与

　みなし贈与や名義財産などの租税法上の贈与の問題はすべて民法上の贈与（無償譲渡）の問題に収斂されます。

　したがって、民法上の贈与については、概略だけでも知っておく必要はあります。

　贈与「税」は、贈与（死因贈与を除く）により財産を取得した場合、その「取得」という事実を課税原因としています。

　そして、この贈与とは、民法上の贈与契約をいい、その内容は民法に規定されているものです。

　民法上の贈与とは、当事者の一方が自己の財産を無償で相手方に与えるという意思を表示し、相手方がこれを受諾することによって成立する契約と定義されるのが一般的です。

　贈与は、

　・書面によるもの

　・書面によらないもの

とがあります。これによる違いは、

　・書面による贈与

　撤回することができない

　・書面によらない贈与

　　既に履行した部分を除き、いつでも撤回することが可能（民法
　550）

という点です。

　贈与の特殊形態としては、

　・定期贈与

　　　例えば、毎月一定額を贈与することなど、定期給付を目的とする
　贈与

　・負担付贈与

　　　例えば、評価額5億円の土地を贈与する代わりに借入金5億円を
　負担させる場合など、贈与を受けた者に一定の給付をなすべき義務
　を負わせる贈与

　・死因贈与

　　　贈与者の死亡により効力を生ずる贈与（民法552～554、相基
　通1の31の4共－8）

があります。

重要情報1

質疑応答事例7282　Ⅱ　相続に係る民法の規定と相法における特別の
規定　東京国税局課税第一部　資産課税課　資産評価官（平成20年8
月作成）「資産税審理研修資料」　TAINSコード　相続事例707282

ハ　死因贈与

　死因贈与とは、被相続人との間に成立した贈与契約について、被相続
人の死亡をもって効力が生じることとされたものである。

　民法第554条は、「その性質に反しない限り、遺贈に関する規定を準
用する」としているところ、相続開始の時において対象財産が遺産であ
ることや、相続の開始をもって取得の効力が生じることは遺贈と同様で
あり、この点、相法においても、遺贈に含むものとしているところであ
る（相法1の3一）。

　ただし、遺贈が被相続人による一方行為であるのに対し、死因贈与は、贈与契約という諾成契約であることから、遺言による必要はなく（贈与契約は、口頭でも成立するため、当該契約の存在に係る認定が必要となる。）、遺贈の承認・放棄に係る規定（民法986条ないし989条など）は、その性質に反するものであり準用されず、また、受贈者における意思表示も、事実認定の基礎となるなど、遺贈と異なる点がある。

　なお下記の裁決事例でも、同様の見解です。

重要情報２

（重加算税／仮装・隠ぺい）　本件遺贈確認書は、審査請求人と共同相続人との間の争いを解決するために作成されたものであって、租税回避のため仮装されたものとまでは認め難いから、審査請求人の虚偽の答弁のみをもって隠ぺい又は仮装したとまで認めることは困難であるとして重加算税の賦課決定処分が取り消された事例（平15−03−24裁決）

TAINSコードＦ０−３−070

（一部抜粋）

ロ　関係法令等
　相続税法第１条及び同法第１条の２の各規定は、上記１の（３）のイのとおりであるところ、この遺贈、死因贈与及び贈与の意義については、相続税法において何ら規定がないことから民法上の解釈による。（※下線筆者）
　（イ）　遺贈とは、遺言という単独行為によってなされる財産の無償譲与をいい、一方、死因贈与とは、当事者の一方が自己の財産を自己の死亡を条件として無償で相手方（受贈者）に与える意思表示をし、相手方がこれを受諾するという不確定期限付の契約をいうものとされている。
　　　そして、遺贈の場合の遺言とは、民法に規定された形式により成

立し、死因贈与に係る契約は、書面によるものに限らず口頭による
ものも有効に成立すると解され、また、遺贈又は死因贈与による財
産の取得時期は、原則として相続開始の時と解するのが相当である。
（ロ）　贈与とは、当事者の一方が自己の財産を無償で相手方（受贈者）
に与える意思表示をし、相手方がこれを受諾するということにより
効力を発生する契約をいうものとされており、その契約は書面によ
るものに限らず口頭によるものも有効に成立すると解され、また、
贈与による財産の取得時期については、書面による贈与については
その契約の効力が発生したときに、書面によらない贈与については
その履行のときに贈与があったとみるのが相当である。

　贈与契約の特徴です。
・対価を伴わない無償契約であること
・対価的関係に立つ債務を負担しあう関係にはなく、一方のみに債務
　の発生する「片務契約」であること
・当事者の合意だけで成立する「諾成契約」であること
　続けて贈与の効力です。
・財産移転義務があること
・担保責任があること（民551）
・負担付贈与も有効であること
①　贈与者は負担の限度において売買における売主と同等の担保責任を
　負うことになります（民法551②）。
②　負担付贈与は、双務契約の適用があり（民法553）、同時履行の抗
　弁権（民法533）や危険負担（民法534 ～ 536）、負担の不履行にお
　ける解除（民540）が適用されることになります。
　　付随論点として民法1030条と1039条の違いがあります。どちらも
　遺留分減殺請求に関する条項ですが、
1030条➡無償の贈与に関する規定
1039条➡不相当な対価での有償行為に関する規定
　とまとめることができます。そうなると、

1030条➡無償の贈与に関する規定

　贈与はそもそも無償なので単純に無償行為と読み替えが可能なのか？

1039条➡不相当な対価での有償行為に関する規定

　不相当な対価を受け取っているということはそもそも有償なので低額譲渡（税務上はみなし贈与が認識される）による贈与部分（上記と同様、その部分の無償行為）と読み替え可能なのか？

　すなわち、「両者とも無償部分に対する減殺分を取り返すことができると平たく読み変えることは可能か？」という疑問が湧きます。しかし、これより、1030条の規定の適用を回避するために有償行為を装った場合の規定が1039条である、という整理のほうが正確です。

（2）租税法上の贈与

① 　租税法上の贈与とは

　みなし贈与財産は課税対象となります。相続税法においては、民法上は、贈与により取得したものではない財産であっても、実質的には贈与により取得した場合と同様の経済的効果を持つ次の財産については、課税の公平を図る観点から贈与により取得したものとみなして、贈与税の課税対象としているからです。

　租税法では、贈与契約がなくても贈与税の課税関係が生じることはあります。

　贈与税は、当事者間において民法上の贈与契約があったときにかかる税金ですが、この契約がなかったとしても実質的に贈与したのと同様な効果を生じる場合、例えば、

・受取人が保険料の負担をせずに受けた生命保険契約等の受取金

・掛金等の負担をせずに取得した定期金受給権

・低額で譲り受けた場合の適正価額（時価）との差額

・債務免除、債務引受け又は第三者債務の弁済による債務額

・適正な対価を支払わずに取得した、あるいは、受益者等が存しない場合又は存しないこととなった場合に取得した信託受益権

・その他の経済的利益の享受

　については贈与があったものとみなして贈与税を課税するとしています（相法5～9の6）[13]。

　しかしながら、法律の不知やうっかりということが少なくないことから、自己の財産を他の者に名義変更登記等をしてしまった、他人名義により不動産、船舶、自動車又は有価証券の取得、建築又は建造の登記等をしたことが、過誤に基づき、又は軽率に行われたものであり、かつ、それが取得者の年齢その他により確認できるときは、これらの財産に係る贈与税の最初の申告もしくは決定又は更正の日前にこれらの財産を本来の取得者等の名義とした場合に限り、これらの財産は贈与がなかったものとして取り扱うとしています（直審（資）22（例規）直資68（例規）昭和39年5月23日一部改正昭57.5.17直資2−177外（例規）名義変更等が行われた後にその取消し等があった場合の贈与税の取扱いについて）。

　このように、生命保険等の満期受取金の取得や出捐割合と登記持分が異なることによる経済的利益がみなし贈与課税を受ける場合であっても、過誤に気付き贈与税の申告期限前に贈与の取消しや贈与財産の返還、あるいは、課税庁による行政指導として返還や是正を求められたことに従ったものについては、通常は課税処分の発動を差し控えているようです。

　なお、贈与契約の取消しや贈与財産の返還に伴う受贈者から贈与者に対する贈与行為については、贈与がなかったものとして取り扱われ、贈与税の課税はされません[14]。

13　預貯金については相基通9─9の適用はありません。預貯金の異動については税務署が把握することは困難だからです。主に相続税の税務調査において名義人の実質判断に基づき課税を行うことになります。すなわち、預貯金については主に名義預金（名義財産）の論点に移行します（事実上の出口課税）。

14　贈与契約について贈与契約を取り消したいとなった場合、課税関係が生じることもありえます。契約は民事上では合意があれば、取消しできます。一方、名義変更通達では「贈与契約が法定取消権又は法定解除権に基づいて取り消され、又は解除されその旨の申出があった場合においては、その取り消され、又は解除されたことが当該贈与に係る財産の名義を贈与者の名義に変更した事その他により確認された場合に限り、その贈与はなかったものとして取り扱う」とあります。私法での法定

②　贈与の時期

　贈与の時期がいつであるかということは、納税義務の成立の時期、その財産の評価の時期、申告期限などに関連して重要な問題となります。

　贈与の時期は、次の通りです。

　　イ　書面による贈与

　　　　その贈与契約の効力が発生した時

　　ロ　書面によらない贈与

　　　　その贈与の履行があった時

重要情報 1

　実務上書面によらない契約は証拠の観点から絶対に実行しませんが、係争機関では事実認定ベースで認められた事案もあります。しかし、贈与の履行がなかったとして名義財産の論点は否認されています。

○書面によらない贈与は認められたが、贈与の履行がなかったとして名義財産とされた事例　平成23年８月６日裁決

　おおよその前提は下記です。
・亡くなる直前まで十分な意思能力あり、相続開始は平成19年５月○日
・複数相続人名義の各定期預金は被相続人からの死因贈与により、それぞれ取得されたものと認められるから、相続課税財産に該当するとして、更正
・本件各定期預金は平成10年８月24日、平成15年12月25日、平成16年１月６日に一斉に預け入れ。なお、元利金自動継続であり、相続開

取消権または解除権によるなら租税法でも贈与契約はないものとされます。このため、原始契約での当初贈与税申告も更正の請求ができます。
ただし、「名義変更通達８項・９項は、財産の名義を贈与者の名義に変更した事その他により確認された場合に限りとあります。私法では贈与契約は遡及効によりなくなりますが、租税法では、実質基準、実態基準によりますので、いわゆる経済的成果を贈与以前の状態に完全に戻す必要があります。

始日において解約されていません。

・信用金庫は本件各定期預金の満期のお知らせ等を、請求人の各住所地へ送付していました。

・銀行印は被相続人名義の預金の届出印鑑としても使用されていました。なお、当該印鑑は被相続人の自宅保管でした。

（国税不服審判所　判断　一部抜粋）

・請求人と被相続人との間での贈与契約の成立について

　被相続人が請求人に対し、平成10年8月1日に1人当たり100万円を、平成15年8月13日に、平成15年と平成16年にそれぞれ1人当たり110万円を贈与する旨を話し、実際に、平成10年8月24日に平成10年各定期預金が、平成15年12月25日に平成15年各定期預金が、平成16年1月6日に平成16年各定期預金がそれぞれ預け入れられていることは、被相続人において当該贈与の意思を有していたことを裏付ける事実であると認められ、請求人は拒むことなく礼を言っているものと認められることからすれば、被相続人が本件各定期預金についての贈与の意思表示をし、これに対し、請求人らが受諾の意思表示をしたものと認められる。

　また、当該贈与の意思表示の書面は作成されていないことからすると、被相続人と請求人との間で、いずれも本件各定期預金に関する書面によらない贈与契約が成立したものと認められる。

・贈与契約の履行の有無

　書面によらない贈与は、民法第550条の規定によりその履行が終わるまでは当事者がいつでもこれを取り消すことができることから、その履行前は目的財産の確定的な移転があったということはできないので、この場合の贈与の有無、すなわち、目的財産の確定的な移転による贈与の履行の有無は、贈与されたとする財産の管理・運用の状況等の具体的な事実に基づいて、総合的に判断すべきであると解されるところ、本件各定期預金の届出印及び証書の管理状況に基づいて、本件各定期預金に係る贈与の履行の時期について検討した結果は、以下のとおりである。

（本件各定期預金の届出印の管理状況）

　本件各定期預金の届出印は、本件○○印及び本件各△△印であり、本件相続が開始するまで、いずれも被相続人の自宅の寝室の枕元に置かれた時計の引き出しの中に保管されていたと認められるところ、被相続人の生前中、請求人Ｋ、請求人Ｌ及び請求人Ｍのいずれもが、本件○○印の保管場所を知らず、また、請求人Ｊは、平成20年２月か３月頃に請求人Ｎから本件各△△印を受け取るまでは、本件各△△印を一度も見たことがなかったこと、更に、請求人らは、被相続人の生前中、本件各定期預金の届出印を、請求人らの固有の印鑑へ改印をするための手続を行っていないことからすれば、請求人Ｋ、請求人Ｌ、請求人Ｍ及び請求人Ｊは、いずれも本件各定期預金の届出印の管理には、全くかかわっていなかったと認められる。（※下線筆者）

　一方、請求人Ｇ及び請求人Ｎについては、被相続人と生前同居しており、請求人Ｇにあっては、被相続人の指示を受けて本件各定期預金の届出印を押印していることが認められることからすると、被相続人が、本件○○印及び本件各△△印を、被相続人の自宅の寝室の枕元に置かれた時計の引き出しの中に本件相続が開始するまで保管していたことを了知していたものと認められるところ、被相続人が本件○○印を本件被相続人の名義の預金の届出印鑑としても使用していたことに加え、本件被相続人の生前中、請求人らは、本件各定期預金の届出印を、請求人らの固有の印鑑へ改印をするための手続を行っていないことからすれば、請求人Ｇ及び請求人Ｎにおいても、本件各定期預金の届出印の管理には、かかわっていなかったと認められる。（※下線筆者）

　その他、本件被相続人は、亡くなる直前まで十分な意思能力を有していたことを加味すると、（※下線筆者）本件各定期預金の届出印は、本件相続が開始するまでの間、被相続人が管理していたものと認められる。

（本件各定期預金の証書の管理状況）

　被相続人は、亡くなる直前まで十分な意思能力を有していたこと、本件各定期預金の預入れに伴って作成された本件各定期預金の証書は、いずれも作成された都度、請求人Ｇ又は請求人Ｎが被相続人の自宅におい

てＱ信用金庫ｇ支店の職員から受領し、その後すぐに被相続人に手渡され、それから１週間程度、被相続人が所有する手提げ金庫に保管されたものの、当該手提げ金庫の中では盗難のおそれがあることから、被相続人から請求人Ｇに手渡され、請求人Ｇの耐火金庫に保管されていたこと、請求人Ｍ及び請求人Ｊの各名義の定期預金の証書は、本件相続の開始後の平成20年の正月に請求人Ｍ及び請求人Ｊにそれぞれ交付されたこと、請求人らは、被相続人の生前中、本件各定期預金について、請求人らの固有の印鑑への改印及び証書の再発行手続を行っていないことからすれば、請求人Ｋ及び請求人Ｌの各名義の定期預金の証書を除く本件各定期預金の証書は、被相続人の生前中、被相続人の手提げ金庫の中から、請求人Ｇの耐火金庫の中に移され、そのまま保管されていたが、それは盗難のおそれを回避するため請求人Ｇの耐火金庫を借りただけであって、実質的には被相続人が管理していたものと認めるのが相当である（※下線筆者）

　もっとも、本件各定期預金のうち、請求人Ｋ及び請求人Ｌの各名義の定期預金の証書は、遅くとも平成16年２月までには請求人Ｋ及び請求人Ｌにそれぞれ交付されていることからすれば、本件相続の開始時点において、これらの定期預金の証書を本件被相続人が管理していたものと認めることはできない。

　以上によれば、請求人Ｋ及び請求人Ｌの各名義の定期預金の証書を除く本件各定期預金の証書は、本件被相続人の生前中、実質的には本件被相続人が管理していたものと認められるが、請求人Ｋ及び請求人Ｌの各名義の定期預金の証書については、本件相続の開始時点において、本件被相続人が管理していたものとは認められない。

・まとめ

　被相続人が、本件相続が開始するまで、本件各定期預金の届出印及び請求人Ｋ及び請求人Ｌの各名義の定期預金の証書を除く本件各定期預金の証書を実質的に管理していたと認めるのが相当であるから、請求人Ｋ及び請求人Ｌの各名義の定期預金を除く本件各定期預金は、いずれも本件被相続人によって管理支配されていたものと認められ、これらの贈与

はいつでも本件被相続人によって取り消し得る状態にあったということができるので、請求人K及び請求人Lを除く請求人らにこれらの確定的な移転があったということはできない。

　また、請求人K及び請求人Lの各名義の定期預金の証書は、遅くとも平成16年2月までには請求人K及び請求人Lにそれぞれ交付されていることからすれば、請求人K及び請求人Lの各名義の定期預金の証書の管理支配は請求人K及び請求人Lに移転したものと認められるが、定期預金を自由に運用するためにはその届出印が必要となるところ、当該各届出印は、本件相続が開始するまでの間、被相続人が管理していたものと認められるから、請求人K及び請求人Lの各名義の定期預金について確定的な移転があったとまではいうことができない。

　被相続人と納税者では本件各定期預金に係る書面によらない贈与契約が成立したと認められています。書面によらない贈与契約は証拠力がない、と解説しておりますが、事実認定いかんによってはこのように認められるケースもあります。しかし、本件はその点においても国税不服審判所にまで上がった事案なのです。当局調査時点ではすんなりと認められる可能性は著しく低いといえます。

→
（証拠）
　書面によらない贈与契約が成立したことと贈与の履行の事実を疎明させるものとして、
・贈与契約書　署名、押印、各人ごとに印鑑（銀行印も含まれます）を作成等々は他の箇所を参照、同様の論点です。
・通帳間での資金移動
・贈与後は預金管理、キャッシュカード、通帳、証書、印鑑の保持者、受贈者のみが全て把握できる状態で、贈与者は一切関知していないことが理想

ということになります[15]。

15　（参照）【みなし贈与／贈与事実の認定】

金融業を営むAから審査請求人及びその亡妻に渡された小切手は、Aが自ら蓄えた財産を原資として審査請求人らに交付されたものであるとして、相続税法9条のみなし贈与課税を相当とした事例（平成18年5月8日裁決）（F0─3─173）

〔事案の概要〕

本件は、■■■から審査請求人（以下「請求人」という。）及び■■■■■■■に死亡した■■■■（以下「被相続人」という。）に渡された小切手がみなし贈与に該当するとしてされた原処分に対し、請求人が、原処分には、小切手が運用委託金の返金であるのに、みなし贈与に該当すると判断した違法及び調査手続の違法又は不当があるとして、原処分の全部の取消しを求めた事案

〔当事者の主張〕

○納税者の主張

請求人らが■■■から受領した本件小切手は、同人に運用委託していた「■■■■■■」ともいうべきファンド（以下「本件ファンド」という。）の返金であり、同人から贈与を受けたものではない。

本件ファンドは、■■■■■が■■■に1,200,000,000円の資金を提供し、同人自身の判断でその資金を運用して、その運用利息を定期的に受け取るとの形態で委託していたものである。

請求人らは、■■■の死亡により、同人が■■■に提供した資金を受け継いだものである。

■■■に対する資金運用の委託関係は、同人が■■■■■に死亡するまで継続していた。

○課税庁の主張

本件小切手は、■■■個人に帰属する本件証券会社口座及び本件普通預金口座から出金されたものであり、請求人らが、■■■から本件小切手を受領し、これを請求人らに帰属する各預金口座へ入金したことは、実質的に対価を支払わないで経済的利益を受けた場合に該当すると認められるから、相続税法第9条《贈与又は遺贈により取得したものとみなす場合─その他の利益の享受》の規定により、贈与があったものとみなされる。

〔判断〕

Aが残した書類には、資産運用に関して第三者からの借入れがあることを示す資料や、金銭の運用委託を受けたことを示すような書類は存在しなかった等の認定事実によれば、本件小切手は、Aが自ら蓄えた財産を原資として請求人らに交付したものであり、この交付と対価関係にあると認められる債権等が存在する事実は認められない。

これに対して、請求人は、本件小切手は、請求人の亡妻の亡父BがAに運用委託しており、B及び亡妻から相続した本件ファンドの返金である旨主張するが、本件小切手の総額は440,000,000円であるところ、これほど多額の支払が発生する金員について、本件ファンドのような運用委託をするのであれば、委託者、受託者の双方が契約書ないしはこれに準じる裏付書類を作成、所持しているのが通常であるところ、原処分関係資料及び当審判所の調査によっても、そのような書類は、一切存在しないなど、請求人の上記主張に沿う申述及び答述は信用することはできず、他に請求人の主張を裏付ける証拠はないので、請求人の主張は採用できない。

ハ　停止条件付の贈与

　その条件が成就した時

ニ　農地又は採草放牧地の贈与

　上記イからハまでにかかわらず、農地法の規定による農業委員会又は都道府県知事の許可のあった日又は届出の効力の生じた日（ただし、その許可に停止条件が付されている場合など、許可のあった日又は届出の効力が生じた日後に贈与があったと認められるものを除く。）

　贈与の時期がいつであるかは、所有権などの移転の登記又は登録の目的となる財産についても上記と同様に判定しますが、その贈与の日が明確でないものについては、

（証拠）

・特に反証のない限りその登記又は登録があった時に贈与があったものとして取り扱われます（相基通1の3・1の4共－8～1の3・1の4共－11）。

③実務上のエビデンスとの関係

　民法原則の「書面によらないもの」「口頭でも契約は成立」という考え方は租税実務においては全く意味をなしません。

　書面によるものは、後述の処分証書反証でも有利な証拠となります。

　最判昭和47年11月8日では、意思表示で足るとしています。

「株式会社が株券の発行を遅滞している場合における意思表示のみによる株式譲渡の効力」

　株式会社が株券の発行を不当に遅滞し、信義則に照らして、株式譲渡の効力を否定するのを相当としない状況に至つたときは、株券発行前であつても、株主は、意思表示のみにより、会社に対する関係においても有効に株式を譲渡することができる[16]。

　したがって、本件小切手は、相続税法9条により贈与財産とみなされるから、原処分には請求人の主張する違法はない。

16　https://www.courts.go.jp/app/hanrei_jp/detail2?id=52625

　この考え方は法的効果としては意味をなします。しかし、税「実務」という意味では証拠がないから、疎明力がないから、といった理由で全く意味をなしません。

　贈与は疎明が非常に難しい取引ですから、なおさらエビデンスを当初から拡充しておく必要があります。

（証拠）

　・贈与契約書ついては原則として確定日付を付す

　・第三者が立ち会ったことについて別書面でよいので覚書を付す

　・疎明力としては弱いと考えられますが贈与の意思表示の録音等々

（3）基本的な考え方、名義財産

　名義財産のうち、名義株を前提とします。オーナー企業の相続税対策等のために、株主構成を変更させる場合があります。

　その方法としては、

①新株の発行・引受

②株式の譲渡（有償譲渡）贈与（無償譲渡）

が考えられます。

　しかし、名義株は典型的な当局指摘項目です。相続税法での条文上は相続により財産を取得した個人で当該財産を取得した時においてこの法律の施行地に住所を有するものとあります。名義株は、この原則からでは、つまり、相続税法の規定を使った否認をする、という理屈は成立しません。上記原則ではなく、相続による財産取得＝相続財産の範囲という事実認定に着地します。

　株式の有償譲渡（売却）無償譲渡（贈与）についての証拠保全はシリーズ＜個人編＞で解説しています。

○贈与、売買などの譲渡

　契約書締結・株券交付（株券発行会社のみ）（民法176、会社法128）が前提となるため、

→（証拠）

・贈与契約書

　上掲のとおり、疎明力を高める努力が必要です。贈与契約書は通帳間を通した金銭のやり取りといった補助的な資料の拡大が非常に困難です。そのため当局調査では時系列や署名押印欄等々を総合的に判断され、バックデイト作成の可能性を必ず念査されます。

重要情報２

（相続財産の範囲／贈与事実の存否）　贈与税の申告及び納付の事実は、贈与事実を認定する上での一つの証拠ではあるが、贈与事実の存否はあくまでも具体的な事実関係を総合勘案して判断すべきであるとした事例（平19－06－26裁決）TAINSコードＦ０－３－218

　（一部抜粋）

４　判　断

ロ　贈与税の申告事実と贈与事実との関係について

　納税義務は各税法で定める課税要件を充足したときに、抽象的にかつ客観的に成立するとされ、贈与税の場合は、贈与による財産の取得の時に納税義務が成立する（通則法第15条《納税義務の成立及びその納付すべき税額の確定》第２項第５号）とされるが、この抽象的に成立した贈与税の納税義務は、納税者のする申告により納付すべき税額が確定（申告納税方式）し、具体的な債務となる。

　このような申告事実と課税要件事実との関係については、「納税義務を負担するとして納税申告をしたならば、実体上の課税要件の充足を必要的前提要件とすることなく、その申告行為に租税債権関係に関する形成的効力が与えられ、税額の確定された具体的納税義務が成立するものと解せられる」（高松高裁昭和58年３月９日判決）と示されていることからすると、贈与税の申告は、贈与税額を具体的に確定させる効力は有するものの、それをもって必ずしも申告の前提となる課税要件の充足（贈与事実の存否）までも明らかにするものではないと解するのが相当である。

　そうすると、贈与事実の存否の判断に当たって、贈与税の申告及び納税の事実は贈与事実を認定する上での一つの証拠とは認められるものの、贈与事実の存否は、飽くまでも具体的な事実関係を総合勘案して判断すべきと解するのが相当である。

・売買契約書
　０円譲渡の場合、１円備忘価額で譲渡します。この１円は通帳間を通します。これにより通帳記録という証拠の補完になります。
○譲渡の対抗要件
　株主名簿への記載（会社法130）が前提となるため、
→（証拠）
・株主名簿
・名義書換請求
・法人税別表第二
・・・→ただしこれはあくまで補完という位置付けになります。
○閉鎖会社
　株主総会・取締役会承認（会社法139）
→（証拠）
・譲渡承認請求書
・株主総会議事録
・取締役会議事録
　各議事録の署名や押印に係る留意点はシリーズ＜法人編＞で解説しています。

　新株発行の場合、株式の引受けに係る証拠保全は下記が代表的です。
○新株の募集:株主総会or取締役会の決議（会社法199 ～ 201）
→（証拠）
・株主総会議事録
・取締役会議事録

○新株の引受け:会社への申込み、総引受契約（会社法203、205）

→（証拠）

・申込書

・引受契約書

○新株の割当て:株主総会・取締役会の決議、総引受契約書（会社法204、205）

→（証拠）

・株主総会議事録

・取締役会議事録

・総引受契約書

○払込み:現実の出資（会社法208）

→（証拠）

・振込みによる資金移動

　税実務では現金手渡しは証拠力を有しない、と考えます。

・法人税申告書該当箇所

・・・→ただしこれはあくまで補完という位置付けになります。

　なお、上記全般で、各契約書、各申込書などは、自署又はその人による押印[17]が原則として必要です。各法で特段の定めがない場合においてもそうすべきです。代筆、判子の使い回し、判子の押印代行は証拠としての価値を著しく落としますし、本人の記憶にも残らない可能性が高いため、当局調査における聴取書での供述記録が不整合になり得ます。

17　相続税の税務調査においてよくある例として

　　税務調査官は相続人等関係者の各人の印鑑を2度押しします。1度目は朱肉をつけずに空押しします。そこで赤い印影が紙につくかチェックします。2度目は朱肉をつけて印影を取ります。これはそのまま税務署へ持ち帰ります。

　　なぜ、1度目の空押しをするかというと、仮に相続人が「ここしばらく、この印鑑を使っていない」と答えたにもかかわらず、空押しして、印影が紙についたら、契約書関係等を税務調査前に慌てて準備したのではないかと疑念を持つわけです。

　　この場合、税務調査は必然的に厳しくなります（法人税、消費税、印紙税等の法人に係る当局調査でも同様です）。

Ⅳ－2　名義財産についての当局側のエビデンスに対する考え方

> **Q** 名義財産について当局調査における当局側のエビデンスに対する考え方について教えてください。

A 名義財産の認定における基本的な「①当該財産の購入原資の出捐者、②当該財産の管理及び運用の状況、③当該財産から生ずる利益の帰属者、④被相続人と当該財産の名義人並びに当該財産の管理及び運用をする者との関係、⑤当該財産の名義人がその名義を有することになった経緯等を総合考慮して判断するのが相当」という考え方を踏まえ「財産の名義変更等をなぜその時にしたか（動機）は、財産の帰属の判定において、キーポイント」と判断要素に含めています。

そして処分証書を「その契約書等々通りでない」と認定するためには「契約書等に記載されている契約内容に経済的合理性がないと認められたとしても、そのことのみをもって課税した場合、訴訟上、その契約書等の信用力を覆すことは難しいと思われます。処分証書を否定する場合には、①処分証書と異なる合意が存在する、②ものの流れや金の流れが契約書のとおりになっていないなど契約書の内容が実態とは異なるなどの証拠を積み重ねて、特段の事情を主張・立証する必要があります。」とあるように実態との乖離について事実認定に着地すると判断しています。

【解　説】

次の国税情報が参考になります。

〇その他行政文書　調査に生かす判決情報020
情報　調査に生かす判決情報ｉｓｓｕｅｄ；020　平成21年6月　他人名義財産の帰属の判断基準－財産の名義人がその財産を管理運用して

いたとしても、その財産が名義人に帰属するとは限らない－東京地裁平
成20年10月17日判決（国側勝訴・相手側控訴）東京高裁平成21年4
月16日判決（国側勝訴・確定）

（今号のポイント）

▼財産の帰属の判定上、その財産を誰が管理運用していたかは、判定の
　一要素にすぎない。

　　ある財産が誰に帰属するかの判定は、「裁判所の判断のポイント」
　に記載している①から⑤等を総合勘案して、財産の名義人がその財産
　を自己の財産として完全に支配管理し自由に処分できる状態にあった
　かどうかにより判断する。

　　したがって、財産の帰属の判定上、財産の管理運用を誰がしていた
　かということは重要な要素ではあるが、判定上の一要素にすぎないの
　であり、これを殊更重視する必要はない。（※下線筆者）

▼　調査において信用性の高い証拠を収集することが、課税処分をする
　上で有効であり、その後の不服申立てや訴訟の重要な鍵となる。

　　裁判所は、訴訟当事者が証拠により立証した事実を基に課税処分の
　適法性を判断することになる。

　　したがって、裁判所がどの証拠を基に判断するかによって、判決内
　容は大きく異なることになるから、裁判所が判断材料とする証拠、す
　なわち、信用性の高い証拠によって国側の主張を立証する必要がある。

　　そして、信用性の高い証拠の収集は、調査段階において、納税者の
　主張を覆す材料等になり得るし、それらの証拠をどれだけ収集したか
　が、以後の不服申立てや訴訟の重要な鍵となる。

（事件の概要）

　　本件は、平成13年4月に死亡した被相続人甲の相続人である原告ら
　（被相続人の子）が、相続税の申告をしたところ、Y税務署長から、申
　告において税額の計算の基礎とされなかった甲の妻乙名義の財産の一部
　が、甲の遺産であるとして、相続税の更正処分及び過少申告加算税賦課
　決定処分を受けたため、原告らが、更正処分等の取消しを求めて提訴し

た事件である。

（争　点）

　乙名義の預金等は、相続開始時において甲に帰属する財産か否か。

（相手側の主張の概要）

　一般に、財産を取得する者は自己の名義でその取得及び管理をするものであるから、財産の帰属先を判定する上で、財産の名義は極めて重要な要素であるところ、乙名義の預金等の取引手続はすべて乙が行っていたことなどからすれば、乙は乙名義の預金等を自ら管理運用していたといえるから、乙名義の預金等は相続開始前から乙に帰属していた財産である。

（国側の主張の概要）

　ある財産が誰に帰属するかは、当該財産の①購入原資の出捐者、②管理運用の状況、③収益の帰属者及び④名義人と管理運用者との関係等を総合考慮して判断すべきであるところ、乙名義の預金等の取引の手続は甲の指示により行われ、また、甲の同意がなければその運用をすることができなかったことなどからすると、乙名義の預金等は相続開始時において甲に帰属していた財産（※下線筆者）である。

（裁判所の判断要旨）

1　財産の帰属の判定において、一般的には、当該財産の名義が誰であるかは重要な一要素となり得るものではあるが、我が国においては、夫が自己の財産を、自己の扶養する妻名義の預金等の形態で保有するのも珍しいことではないから、妻名義預金等の帰属の判定において、それが妻名義であることの一事をもって妻の所有であると断ずることはできず、諸般の事情を総合的に考慮して判断する必要がある。（※下線筆者）

2　乙名義の預金等の取引の手続は乙が行っていることが認められるが、甲所有の預金等についてもその取引の手続を乙が行っていたこと、証券取引の説明には甲も同席していたこと、乙が甲に知らせることなく独自の判断で取引を行っていたことを認めるに足る的確な証拠がないこと等を総合すると、乙名義の預金等の取引は、乙がその手続を行

い管理運用していたといえるとしても、その管理運用は甲の包括的同意あるいはその意向を推しはかってされたものと認められる。（※下線筆者）

3　一般に、財産の帰属の判定において、財産の管理運用を誰がしていたかということは重要な一要素となり得るものではあるが、夫婦間においては、妻が夫の財産について管理運用をすることがさほど不自然であるということはできないから、これを殊更重視することはできない。（※下線筆者）

4　原告らと乙との関係は相当険悪であったことが認められ、そして、甲と乙の年齢差も考慮すると、甲が、自分の死んだ後に乙が金銭的な面で不自由をしないように、本件遺言書の作成とは別に、自己に帰属する財産を妻名義にしておこうと考えたとしても、あながち不自然とはいい難い。

　そうすると、実際に生前贈与をした土地建物の持分については贈与契約書を作成し、乙が贈与税の申告書を提出していたのと異なり、乙名義の預金等についてはそのような手続を何ら採っていないことも考慮すると、甲所有の預金等を乙に対して生前贈与したものと認めることはできない。（※下線筆者）

5　乙が乙名義の預金等を解約して他の用途に使用するなどしたという事情がうかがわれないことからすると、乙名義の預金等から生じた利息の一部が、乙所有の預金口座に入金されていたとしても、乙名義の預金等自体については、甲に帰属していたと認められる。

6　贈与契約書が作成されず、贈与税の申告がされなかったからといって直ちに贈与がなかったとはいい難いが、贈与契約書が作成されず贈与税の申告もされていないことが、贈与の具体的日時の特定を困難ならしめているうえ、贈与の事実そのものを否定する事情の一つにはなり得るものであることは否定できない。（※下線筆者）★1

（裁判所の判断のポイント）

　実務において、ある財産が相続財産となるかどうか（あるいは贈与されたものかどうか）の事実認定については、その当事者が血縁関係や内

縁関係にあるなど、特殊関係者間で行った行為を基に判断するケースがほとんどであり、通常、真実を把握することは容易ではなく、その財産が誰に帰属するかの判定は、非常に困難であると思われます。

　この点に関し、本判決の判示事項は、財産の帰属の判定を行うに当たって非常に参考となるものですが、その中でも、実務上、特に参考となるポイントは、次のとおりと思われます。

1　他人名義となっている財産が誰に帰属するかの判断要素

　　裁判所は、上記「裁判所の判断要旨」のとおり判断していますが、本判決では、その前提として、被相続人以外の者の名義である財産が相続開始時において被相続人に帰属するものであったか否かは、①当該財産の購入原資の出捐者、②当該財産の管理及び運用の状況、③当該財産から生ずる利益の帰属者、④被相続人と当該財産の名義人並びに当該財産の管理及び運用をする者との関係、⑤当該財産の名義人がその名義を有することになった経緯等を総合考慮して判断するのが相当である、（※下線筆者）と判示しています。

　　すなわち、裁判所は、被相続人以外の者の名義となっている財産が誰に帰属するか、言い換えれば、ある財産が相続開始前に、被相続人からその財産の名義人に贈与されていたかどうかは、上記①～⑤などを総合考慮して判断するのが相当であるとしているわけです。

　　したがって、名義預金等として相続税等を課税する場合は、この観点を踏まえた聴取調査等の各種調査を行うことが必要であり、そして、その調査によって得られた事実を総合勘案して、課税の可否を判断することが重要かつ不可欠（※下線筆者）と言えます。

2　財産が誰に帰属するかを判断する上で、財産の管理運用を誰がしていたかは重要な要素ではあるが、それは、帰属の判定上の一要素にすぎない。

　　上述のとおり、原告らは、一般に、財産を取得する者は自己の名義で取得及び管理するのであるから、財産の帰属先を判定する上で、財産の名義は極めて重要な要素であるところ、乙は乙名義預金等を自らが管理運用していたのであるから、乙名義預金等は乙に帰属する、と

主張しました。

　これに対し、裁判所は、財産の帰属の判定において、財産の名義が誰であるかは重要な一要素となるが、夫が自己の財産を、自己の扶養する妻名義の預金等の形態で保有するのも珍しいことではなく、また、財産の管理運用を誰がしていたかは重要な一要素となるが、夫婦間においては、妻が夫の財産の管理運用をすることがさほど不自然ではなく、これを殊更重視することはできないのであって、ある財産が誰に帰属するかは、諸般の事情（上記判断事項（1）の①〜⑤などの事情と思われます。）を総合考慮して判断する必要があるとしています（上記判断要旨1及び3）。

　そうすると、ある財産の管理や運用をその名義人が行っていたとしても、その事実のみをもって課税しないとするのは早計（裏返せば、この事実をもっての課税は、立証不足とみられる可能性もある。）といえます。（※下線筆者）課税をするかどうかは、他の判定要素を含めて、名義人がその財産を自己の財産として完全に支配管理し自由に処分できる状態にあったかどうか（下記4を参照）で判断することが重要（※下線筆者）です。

3　財産の名義変更等をなぜその時にしたか（動機）は、財産の帰属の判定において、キーポイントとなる。（※下線筆者）★²

　本判決では、甲が自己の預金等を乙名義とした動機を、原告らと甲の後妻である乙との関係は険悪であり、かつ、甲と乙との年齢差（17歳）からすると、甲が、自己の死後に乙が金銭的に不自由しないよう自己の財産を乙名義にしておこうと考えていたとしても不自然ではないと認定しています。そして、それを裏付けるように、土地建物の持分については贈与税の申告書を提出しているが、乙名義の預金等については贈与税の申告をしていないこと及び乙が当該預金等を解約して他の用途に使用するなどしたという事情がうかがわれないことから、甲が乙名義の預金等を乙に生前贈与したとは認められないと判断しています（上記判断要旨4〜6）。

　以上のとおり、本判決では、甲が預金等を乙名義とした動機（※下

線筆者）を、乙名義の預金等の帰属の判定上、重要な要素としていることがうかがわれます（下記4に掲載した判決においても、本判決と同様の観点から、贈与の履行の時期を判断しています。）。

　したがって、このような動機がうかがわれ、かつ、財産の名義人がその財産を完全に支配管理し自由に処分できる状態になかったことを推認させるような事実（本件でいえば、乙名義の預金等については、贈与税の申告をしておらず、また、相続開始時まで乙が当該預金等を自己の財産として使用した事実がないこと）があれば、本判決の「乙が乙名義の預金等を管理運用していたとしても、その管理運用は甲の包括的同意あるいはその意向を推しはかってされたもの」と同様の判断がされる可能性は高くなりますし、このような観点からの調査によって収集された証拠は、課税をする上での重要な根拠となり、また、納税者に対する有効な説得材料（※下線筆者）★3ともなります。

　4　参考となる裁判例

　本判決と争点は異なりますが、財産の贈与時期が争われ、本判決と同様の観点から原告が主張する時期に贈与の履行があったとは認められないとした事例（東京地裁平成21年4月24日判決（国側勝訴・原告控訴中））があり、その判示事項については「判決速報（№1155）」で詳しく紹介しています。

　この判決では、書面によらない贈与の場合は、「贈与の履行が完了し、受贈者が贈与財産を、自己の財産として完全に支配管理し自由に処分できる状態に至ったときに納税義務が成立する」としています。その上で、①財産（無記名割引債）移転の動機（将来、不測の事態が生じたときに初めて、原告が自由に使用することを許すとの意図）、②財産の支配管理の状況（贈与税の申告の有無、活用状況）、③贈与の履行の動機（本人確認法の施行に伴う贈与の履行）及び④贈与の履行時期（無記名割引債から保護預りへの変化、乗換差金の帰属者の変化）から、原告が贈与財産を、自己の財産として完全に支配管理し自由に処分できるようになったのは、いつであったかを判断（※下線筆者）★4しています。

　（中略）

（調査に役立つ基礎知識）

（中略）

1　供述の信用性

　<u>実務では、課税に必要な契約書、領収書、通帳やメモ等の物的証拠が十分ではないケースが多く、調査担当者が、納税者はもちろん取引先や従業員あるいは家族などの関係者からの供述等（人的証拠）によって、数少ない物的証拠をつなぎ合わせて課税要件事実を組み立て、課税しているケースが少なくない</u>（※下線筆者）と思われます。

　このように、人的証拠である供述（供述証拠）は、時間的に見れば点と点である物的証拠を一連の行為等として結びつけるものであり、重要な証拠といえます。

　しかしながら、訴訟上、人的証拠は、一般的に、物的証拠に比べて証拠価値が低いといわれています。なぜなら、人は、思いこみがあったり、間違えたり、忘れたりあるいは嘘をついたりする場合があり、物的証拠に比べその内容が事実と相違している可能性が高いからです。

　したがって、訴訟上、供述証拠にどれだけの信用性があるか、すなわち、「証拠に裏付けられた供述」となっているかどうかは非常に重要なわけですが、その信用性を評価するポイントは、次のとおりといわれています。

（１）　その供述が一貫・安定しているか、変遷・動揺しているか。

　<u>供述が変遷している場合には、その変遷に合理的理由があるか。</u>（※下線筆者）

　　（例）　Ａの証言は、調査段階から一貫しており、反対尋問によっても崩れていないから、信用性が高い。

（２）　その供述が客観的な事実と合致しているか、矛盾しているか。（※下線筆者）

　　（例）　調査担当者に対するＡの供述は、……という事実があることからすると、客観的証拠による裏付けがあり信用できる。

（３）　その供述が他の供述証拠と符合しているか。（※下線筆者）

　　（例）　銀行員Ａ、Ｂ及びＣの供述は客の特徴について概ね符合し、相

互にその信用性を補強している。

※　Ａ、Ｂ及びＣの供述は一致するが、Ｄの供述は一致しない場合、一致する３名のみの供述のみを採用するのではなく、Ｄの供述の信用できない理由をよく書く必要がある。

（4）　その供述が具体的、詳細、自然、合理的であるか。その供述に迫真性、臨場感があるか。（※下線筆者）

　（例）　Ａの供述は、具体的かつ詳細で、臨場感が認められるから、信用性が高い。

（5）　その供述の根拠はなにか。（※下線筆者）

　（例）　Ａは、その供述内容について・・・と具体的根拠を挙げており、信用に値する。

（6）　供述者の立場はどうか、嘘をついたり、隠したりする動機があるか。（※下線筆者）

　（例）　Ａは、たまたま目撃した第三者であり、原告と何らの利害関係を有しないのであるから、Ａの供述は信用できる。

　これらのポイントに基づいた関係者からの聴取り等は、訴訟だけでなく、調査においても納税者を納得させる有効なものといえますし、場合によっては、今後の調査の展開に有効なものとなることも考えられますので、常に、このポイントを念頭においた聴取り等を行うことは重要です。

２　「処分証書」の信用力

　実務上、課税の可否については、調査によって収集した資料等（証拠）を基に判断することになりますが、一口に証拠といっても、上記１で述べたとおり、契約書や帳簿、さらには領収書やメモなどの物的証拠と納税者あるいは関係者の供述や証言などの人的証拠がありますが、この中で物的証拠である「処分証書」は信用性の高い証拠とされています。

　調査担当者が、訴訟上、処分証書がどのように取り扱われているかを覚えておくことは、課税の可否を判断する上でも非常に役に立つと思いますので、その概要を説明します。

　「処分証書」とは、契約書、遺言書、手形など当事者の意思表示が法

律行為（法律上の効果を生じさせる行為であり、例えば、売買や賃貸借の契約がある。）として記載されたものであり、訴訟上、特段の事情がない限り、処分証書に記載された内容のとおりの取引等がされたと認められます。（※下線筆者）

　なぜ、特段の事情がない限り、処分証書に記載された内容のとおりの取引等が認定されるかといいますと、例えば、契約書を取り交わすということは、相手方と取引等をするに当たり、後日紛争が生じないようにするために、あるいは、損害等が生じたときに責任の所在や限度を明らかにするために作成されるものであり、契約書には、契約当事者が合意した内容を明記しているからです。

　したがって、調査段階において、契約書等に記載されている契約内容に経済的合理性がないと認められたとしても、そのことのみをもって課税した場合、訴訟上、その契約書等の信用力を覆すことは難しいと思われます。（※下線筆者）処分証書を否定する場合には、①処分証書と異なる合意が存在する、②ものの流れや金の流れが契約書のとおりになっていないなど契約書の内容が実態とは異なるなどの証拠を積み重ねて、特段の事情を主張・立証する必要があります（※下線筆者）★5ので、これらの点についても調査し、それに基づいて課税の可否を判断して頂きたいと思います。

★1　証拠の観点からは贈与契約書は必須です。金額の重要性から印鑑証明書、確定日付、公正証書等々での準備も必要なケースがあります。なお、先述のとおり、申告書はそれほど証拠力を有しません。

★2　多額の現預金（他の財産もそうですが）が異動する場合、何かしらの本人同士の動機があるはず、としています。これも金額の重要性によりますが、重要性高い金員異動についてはその当時の通帳へのメモ、当事者における日記や手帳等々で記録があれば望ましいです。子供のライフイベントについて親が贈与である場合などは、ライフイベント関係の記録は残しやすいですし、証拠力としても高いです。

★3・★4　名義預金判定の定型文です。これに対する対応は先述のとおりです。

★5　契約書が真正である限り、当該契約書の取引行為自体を否認することは当局も困難であると認識しています。だからこそはじめに契約書がなければ、事実認定で争う土台に立てない、といえるわけです。

　特に同族特殊関係者間（法人、個人問わず）では必須です。原則として、いかなる取引においても必要となります。

Ⅳ－3　未成年者への贈与及びそれらを連年で贈与した場合のエビデンス

Q 未成年者に対する贈与及びそれらを連年で贈与した場合のエビデンスについて教えてください。

A 先述の各種契約書においても注意書きを付しましたが、重要論点のため、ここで再掲します。原則としては先述の通りですが、下記は租税実務により沿った詳細検証をしています。

【解　説】

下記の裁決をはじめに確認します。

（相続財産の範囲／贈与事実の存否）　贈与税の申告及び納付の事実は、贈与事実を認定する上での一つの証拠ではあるが、贈与事実の存否はあくまでも具体的な事実関係を総合勘案して判断すべきであるとした事例（平19－06－26裁決）（Ｆ０－３－218）において国税不服審判所判断では、

「（2）　法令解釈

イ　親権者が未成年の子に対して贈与する場合の贈与契約の成立について贈与契約は諾成契約であるため、贈与者と受贈者において贈与する意思と受贈する意思の合致が必要となる（民法第549条《贈与》）が、<u>親権者から未成年の子に対して贈与する場合には、利益相反行為に該当しないことから</u>（※下線筆者）★1 親権者が受諾すれば契約は成立し、未成年の子が贈与の事実を知っていたかどうかにかかわらず、贈与契約は成立すると解される。」

「（イ）　贈与契約書の作成について

請求人は、本件株式の贈与について贈与契約書を作成していない点について、本件被相続人は請求人が本件株式の贈与に係る申告をして納税をすることで、その贈与事実を証明することが十分であると考えて、あ

えて、贈与契約書を作成しなかったものと思われるが、かかる贈与の実態は、親子の関係では、社会通念上、むしろ一般的ではないかとも考えられる旨主張する〔前記3の（1）のイの（ハ）〕。

　しかしながら、本件は、親権者と未成年の子との間の契約で、親権者自身が贈与者と受贈者の立場を兼ねていることから、対外的には贈与契約の成立が非常に分かりづらいものとなることは容易に認識できることであり、かえって、このような場合には、将来、贈与契約の成立について疑義が生じないよう契約書を作成するのがむしろ自然ではないかと考えられるほか、（※下線筆者）平成11年及び平成12年の本件会社の株式の贈与について贈与契約書を作成している〔前記1の（4）のハの（ロ）のBの（B）及びCの（B）〕ことと整合しない点を併せ考えると、上記請求人の主張は直ちに採用することはできない。」

　とあるように作成「しないほうがむしろ不自然」、と述べています。実務ではこれを勘案し当然作成を行います。

★1
民法549条
　贈与は、当事者の一方が自己の財産を無償で相手方に与える意思を表示し、相手方が受諾をすることによって、その効力を生ずる。

　親権者が未成年の子に対して贈与する場合の贈与契約の成立について贈与契約は諾成契約であるため、贈与者と受贈者において贈与する意思と受贈する意思の合致が必要となります（民法549《贈与》）が、親権者から未成年の子に対して贈与する場合には、利益相反行為に該当しないことから親権者が受諾すれば契約は成立し、未成年の子が贈与の事実を知っていたかどうかにかかわらず、贈与契約は成立すると解されます。

贈与契約書

　贈与者　●●●●（以下、「甲」という）は、受贈者　●●●●（以下、「乙」という）に、金銭●万円を無償で与える意思を表示し、乙の法定代理人（●●●●（父）、●●●●（母））はこれを受諾した。

　また、甲は平成●年●月●日までに当該金額を乙の下記口座に振り込むものとする。

　　●●銀行●●支店　普通口座　●●●●●●●

　　口座名義人　●●●●

　　平成●年●月●日

　　　　　　　　　　　　　　　　　甲　住所　●●
　　　　　　　　　　　　　　　　　　　名前　●●　　印

　　　　　　　　　　　　　　　　　乙　住所　●●
　　　　　　　　　　　　　　　　　　　名前　●●　　印

　　　　　　　　　　　　　　　　乙の法定代理人（父）
　　　　　　　　　　　　　　　　　　住所　●●
　　　　　　　　　　　　　　　　　　名前　●●　　印

　　　　　　　　　　　　　　　　乙の法定代理人（母）
　　　　　　　　　　　　　　　　　　住所　●●
　　　　　　　　　　　　　　　　　　名前　●●　　印

　なお、後々の争い（親族間、税務調査）を回避するよう下記を徹底します。

○　贈与者の住所、氏名は贈与者が自署する

○　法定代理人（父、母）の住所、氏名は父母各人が自署する

○　日付けは贈与者が自分で書く

→　公証役場で確定日付の印を押してもらうとベスト

→　確定日付については下記（出典：日本公証人連合会ホームページ）
　　を参照。

「Q　公証人が付する「確定日付」とは、どのようなものですか。

A　確定日付とは、文字通り、変更のできない確定した日付のことであ
　　り、その日にその証書（文書）が存在していたことを証明するもので
　　す。公証役場で付与される確定日付とは、公証人が私書証書に日付の
　　ある印章（確定日付印）を押捺した場合のその日付をいいます。

　　　文書は、その作成日付が重要な意味を持つことが少なくありません。
　　したがって、金銭消費貸借契約等の法律行為に関する文書や覚書等の
　　特定の事実を証明する文書等が作成者等のいろいろな思惑から、その
　　文書の作成の日付を実際の作成日より遡らせたりして、紛争になるこ
　　とがあります。

　　　確定日付は、このような紛争の発生をあらかじめ防止する効果があ
　　ります。」

「Q　公証人による確定日付付与の効力は、どのようなものですか。

A　確定日付の付与は、文書に公証人の確定日付印を押捺することによ
　　り、その文書の押捺の日付を確定し、その文書がその確定日付を押捺
　　した日に存在することを証明するものです。文書の成立や内容の真実
　　性についてはなんら公証するものではありません。」

　この点、文書の内容である法律行為等記載された事項を公証する「公
正証書」や、文書等の署名押印などが真実になされたことを公証する「認
証」とは異なります。

　これらは義務ではありませんが、上記の通り、後々の争いを保全する
ために、自署すべき部分は自署しておいたほうがいいでしょう。

　法定代理人は両親「共に」自署押印します。しかし、絶対に、というわけでもありません。贈与の当事者間では意思の合致が認められるからです。

民法818条（親権者）
　親権は、父母の婚姻中は、父母が共同して行う。

民法825条（父母の一方が共同の名義でした行為の効力）
　父母が共同して親権を行う場合において、父母の一方が、共同の名義で、子に代わって法律行為をし又は子がこれをすることに同意したときは、その行為は、他の一方の意思に反したときであっても、そのためにその効力を妨げられない。

　と、あるとおり、民法818では「共同して」、民法825条では「共同の名義で」とあります。このため両親共に自署押印した方がよりよい、ということになります。
　なお、非常に実務的観点からすると、離婚はしていないが、「様々な理由により」片方の自署、押印しかとれない場合も想定されます。しかし、そういう状況が深刻であればあるほど、将来、何かしらのトラブルに発展する可能性が高まります。したがって困難ではあるが、夫婦間の問題が深刻であればあるほど、法定代理人の欄は両親共に、自署押印すべきです[18]。

重要情報1
〇連年贈与（定期贈与）
（1）昭和58年9月国税庁事務連絡「生命保険料負担者の判定について」
　　は下記のとおりです。

18　贈与契約の事例ですが、「贈与契約に顕名なしも、代理行為は有効（週刊T&Amaster 2022年10月3日号・№948）審判所、贈与手続は請求人に包括委任と判断し原処分を全部取消し」についても併せてご参照ください。

①被相続人の死亡又は生命保険契約の満期により保険金等を取得した場合若しくは保険事故は発生していないが保険料の負担者が死亡した場合において、当該生命保険又は当該生命保険に関する権利の課税に当たっては、それぞれの保険料の負担者からそれらを相続、遺贈又は贈与により取得したものとみなして、相続税又は贈与税を課税することとしている。

（注）生命保険金を受け取った者が保険料を負担している場合には、所得税（一時所得又は雑所得）が課税される。

②生命保険契約の締結に当たっては、生計を維持している父親等が契約者となり被保険者は父親等、受取人は子供等として、その保険料の支払いは父親等が負担しているというのが通例である。

　このような場合には、保険料の支払について、父親等と子供達との間に贈与関係は生じないとして、相続税法の規定に基づき、保険事故発生時を課税時期としてとらえ、保険金を受け取った子供等に対して相続税又は贈与税を課税することとしている。

③ところが、最近、保険料支払能力のない子供等を契約者及び受取人として生命保険契約を父親等が締結し、その支払保険料については、父親等が子供等に現金を贈与し、その現金を保険料の支払いに充てるという事例が見受けられるようになった。

④この場合の支払保険料の負担者の判定については、過去の保険料の支払資金は父親等から贈与を受けた現金を充てていた旨、子供等（納税者）から主張があった場合は、事実関係を検討の上、例えば、ⓐ毎年の贈与契約書、ⓑ過去の贈与税の申告書、ⓒ所得税の確定申告等における生命保険料控除の状況、ⓓその他贈与の事実が認定できるものなどから贈与事実の心証が得られたものは、これを認めることとする。

　贈与認定されないための実務上の留意点です。

　国税庁の事務連絡④ⓓにもあるように、保険料を払うための現金贈与は次の4つの点に注意することが必要です。

　イ　贈与契約書は毎年作成します。

　保険料を支払う能力のない子供などへの贈与については、年齢制限

はありません。受贈者が幼児や幼い子供など意思能力がない場合、法定代理人（又は後見人）をたてます。通常は親です。したがって受贈者欄は「法定代理人○○（親）受贈者××（子）」となります。

　印鑑は別々のものを用意します。確定日付をとっておくべきです。

ロ　贈与税の申告書は保管しておきます。

　他の項目に比較して重要性は低いです。これは基礎控除を超えた場合するものであり、必ずしも必須ではありません。また贈与税の申告自体が贈与の立証にはならないことは、名義財産関係の裁判例では度々判示されています。

ハ　親の所得税確定申告において、生命保険料控除を受けないことです。子供が契約料を支払っているため子供の確定申告で控除することになります。子供に所得がなければ実質的に切り捨てになります。

ニ　贈与をするのが幼児であるときは、贈与をする親が子供名義の銀行口座を作り、銀行口座の管理は区別して行うことが望ましいです。

　信託プランニングの１手法である、名義預金回避信託を利用することも考慮対象となります。

　毎年保険料の支払いに充てる現金を振り込み、保険料は銀行口座から引き落とすようにします。重要なのは通帳間での移動です。現金での受け渡しは後で疎明困難となるため、原則として行いません。

　保険料負担者は、口座引き落としの名義人と推定されます。

　個人間で、生命保険契約の名義を変更したとしても、保険事故が起きるまで、または満期が到来するか、解約するまでは、贈与税は課税されません。

重要情報２

【相続税の課税財産－保険金】

　毎年保険料相当額の贈与を受けその保険料の支払いに充てていた場合における受取保険金は、相続により取得したものとはみなされないとした事例（全部取消し）（昭59. 2.27裁決）〔裁決事例集第27集231頁〕

〔裁決要旨〕

　未成年者である請求人が受け取った保険金については、1）その保険契約を被相続人が親権者として代行し、保険料の支払いに当たっては、その都度被相続人が自己の預金を引き出して、これを請求人名義の預金口座に入金させ、その預金から保険料を払い込んだものであること、2）保険料は、被相続人の所得税の確定申告において生命保険料控除をしていないこと、3）請求人は、贈与のあった年分において贈与税の申告書を提出し納税していることから請求人は贈与により取得した預金をもって保険料の払込みをしたものと認められるの

　で当該保険金を相続財産とした更正処分は取消しを免れない。

（2）定期贈与について

　国税庁タックスアンサーNo.4402において、

「毎年、基礎控除額以下の贈与を受けた場合」

Q 1　親から毎年100万円ずつ10年間にわたって贈与を受ける場合には、各年の受贈額が110万円の基礎控除額以下ですので、贈与税がかからないことになりますか。

A 1　定期金給付契約に基づくものではなく、毎年贈与契約を結び、それに基づき毎年贈与が行われ、各年の受贈額が110万円以下の基礎控除額以下である場合には、贈与税がかかりませんので申告は必要ありません。

　　ただし、毎年100万円ずつ10年間にわたって贈与を受けることが、贈与者との間で契約（約束）されている場合には、契約（約束）をした年に、定期金給付契約に基づく定期金に関する権利（10年間にわたり100万円ずつの給付を受ける契約に係る権利）の贈与を受けたものとして贈与税がかかります。

　　なお、その贈与者からの贈与について相続時精算課税を選択している場合には、贈与税がかかるか否かにかかわらず申告が必要です。

（相法21の5、24、措法70の2の4、相基通24－1）

　と、あります。毎年の贈与額が同じであっても、贈与は個別に成立します。タックスアンサーに記載があるとおり、「毎年100万円ずつ10年間にわたって贈与を受けることが、贈与者との間で契約（約束）されている場合」などという当初贈与契約書は作成することはないため、毎年同日付、毎年同額での贈与について全く問題ありません。

　なお、連年贈与も当然ながら制度としてありません[19]。

19　昭和33年から50年にわたり、同一人物から３年以内の贈与は累積して贈与税を計算するという措置がありました。具体的には次の計算方式によります。
①　最後に贈与を受けた年の贈与財産だけで贈与税額を計算する。
②　その贈与者から贈与された各年の財産の価額から、それぞれ一定額（昭和33年から38年までは10万円、昭和39年以降は20万円）を控除した金額の合計額をもとに、贈与税額を計算する。そして、そこから既に課税された贈与税額の合計額を控除する。
③　①と②の合計額を３年目の贈与の年に申告する。
この制度はもう存在しません。したがって、毎年同月日に同金額を贈与して問題ありません。
　（参照）
昭和49年旧相続税法第21条の６（３年以内に同一人から贈与を受けた場合の贈与税額）
　その年において贈与に因り同一の贈与者から10万円を超える価額の財産（その取得の日の属する年分の贈与税の課税価格計算の基礎に算入されるものに限る。以下本条において同じ。）を取得した者がその前年又は前々年において当該受贈者から贈与に因り各年10万円をこえる価額の財産を取得したことがある場合においては、その者に係る贈与税は、前条の規定にかかわらず、その年において贈与に因り取得したすべての財産の価額の合計額につき前２条の規定により算出した金額と第１号に掲げる金額から第２号に掲げる金額を控除した金額（当該贈与者が２人以上ある場合には、これらの者につきそれぞれ第１号に掲げる金額から第2号に掲げる金額を控除した金額を控除した金額の合計額）との合計額により、課する。
一　その年以前３年以内の各年において当該贈与者から贈与に因り取得した財産の価額のうちそれぞれ10万円をこえる部分の合計額を前条に規定する課税価格とみなし、同条の規定を適用して算出した金額
二　イ及びロに掲げる金額の合計額（当該合計額が第１号に掲げる金額をこえる場合には、当該金額）
　イ　その年の前年又は前々年において当該贈与者から贈与に因り取得した財産の価額が当該各年において贈与に因り取得したすべての財産の価額の合計額のうちに占める割合をそれぞれ当該各年の贈与税の税額（利子税額、過少申告加算税額、無申告加算税額、重加算税額及び延滞加算税額に相当する税額を除く。）に乗じて算出した金額の合計額
　ロ　その年において当該贈与者から贈与に因り取得した財産の価額が同年において贈与に因り取得したすべての財産の価額の合計額のうちに占める割合を当該合計額につき前２条の規定を適用して算出した金額に乗じて算出した金額

Ⅳ—4　錯誤と贈与契約の関係

Q 錯誤と贈与契約の関係について参考となるべき裁判例を
教えてください。

A 下記判示で「納税者ら当事者は、各土地の売買契約を締結す
るに際し、税務署からみなし贈与と指摘されることのないよ
う、不動産鑑定士による鑑定評価額を時価であると認識して売買代金
額の合意をしたのであるから、売買契約当時、契約当事者が全く予定
していなかったみなし贈与税の納税義務が発生することは、売買契約
にとっては要素の錯誤となり、売買契約は無効であるとの納税者の主
張が、納税者が依頼した不動産鑑定士による鑑定評価額は、その方法、
判断過程及び内容に合理性を欠くところが多く、各売買契約の締結に
先立って、各売買契約の目的不動産の正常価格ないし限定価格を鑑定
評価するために作成されたものであるかについて合理的な疑問が存す
るから、納税者らが、各売買契約の締結に当たり各土地の売買代金額
が時価（客観的交換価値）と乖離するものではなく相続税法7条の規
定によるみなし贈与の課税の対象となるものではないとの認識を有
し、かつ当該認識（動機）を表示して各売買契約を締結した事実を証
拠上認めるのは困難であり、さらに、納税者は時価と売買代金額との
差額に相当する経済的利益を現実に享受していたということができ、
納税者が主張するような錯誤無効が国税通則法23条2項各号にいず
れの事由にも該当しないことをも併せ考えると、少なくとも各土地の
取得に係る贈与税の法定申告期限の経過後においては、各売買契約の
錯誤無効を主張して贈与税の課税を免れることは許されないとして排
斥された」

　すなわち「不動産鑑定評価額に合理性を欠く」⇒（中略）⇒「錯誤
無効の主張は認められない」とあります。

　鑑定評価額の合理性についての主張は当然、納税者が負いますが、

それが不知、うっかりであっても同様の結論になると思われます。

【解　説】

　下記については第一審・大阪地方裁判所　平成18年11月17日判決（TAINSコードZ256−10575）も併せて参照するとよいでしょう。

○大阪高等裁判所　贈与税更正処分等取消請求控訴事件　平成20年3月12日棄却・確定（TAINSコードZ258−10916）

〔事案の概要〕

　納税者がその母である乙が所有していた不動産を買い受けたところ、被控訴人が、上記売買が相続税法7条の著しく低い価額の対価で財産の譲渡を受けた場合に該当するとして、売買時における本件不動産中の土地の時価であるとする額と売買代金との差額に相当する額を乙から贈与により取得したものとみなした事案。

〔当事者の主張〕

○納税者の主張

　納税者の母は、納税者に対し、別件土地が市の名義であると説明しないいまま、本件売買契約を締結したものであり、別件土地の所有権移転登記を受けられなければ、他の土地等を購入することはなかったから、内容証明郵便により、民法563条2項（権利の一部が他人に属する場合の売主の担保責任）に基づいて、本件売買契約を解除したのであって、同契約を贈与とみなして課税することはできない。

○課税庁の主張

①　納税者の母及び父は、多数の不動産を取得、賃貸、賃借して賃貸マンション等を経営する会社を経営していたこと、

②　納税者の父及び母は、行政指導に基づく開発寄附金の負担軽減のために、別件土地を分筆した上で市に寄附し、その所有権移転登記まで経由したこと、

③　別件土地は所有権移転登記が経由されず、かつ納税者がこれを問題

にした形跡がないこと、

④　納税者は、本件売買契約の不動産として別件土地以外の土地等の鑑定評価は依頼したが、別件土地は評価対象にしなかったこと、

⑤　本件各処分に係る異議申立書の理由欄には、別件土地の地番は記載されていなかったこと、

⑥　本件売買契約の締結後に提起された別件訴訟において、別件土地が納税者の母の所有にかかることを前提に納税者に譲渡された旨の主張立証がなされた形跡がないこと、

⑦　本件訴訟の原審の審理において、納税者が別件土地を母から売買で取得した旨の主張立証がなされていないこと等の事実に照らせば、納税者とその母との間の不動産売買契約の対象に別件土地が含まれていたことを認めることはできないから、本件売買契約は、売買の目的である権利の一部が他人に属する場合（民法563条1項（権利の一部が他人に属する場合における売主の担保責任））に該当せず、同条2項に基づく解除をすることができない。

〔判断〕

　売買契約時における各土地の時価（相続税法7条にいう時価）は、課税庁の鑑定とおりであると認められるところ、売買契約における各土地の売買代金の合計額は時価の合計額の2分の1にも満たない上、各売買契約は、母からその法定相続人である子（納税者）に対して母所有の土地を譲渡するものであり、しかも、その決済方法は、譲渡人である母の銀行からの借入金を譲受人である納税者が引き受け、譲渡人に対する仮払金と相殺するなどとされていることなどにかんがみると、各土地の譲受けは、相続税法7条（贈与又は遺贈により取得したものとみなす場合－低額譲受）にいう「著しく低い価額の対価で財産の譲渡を受けた場合」に該当するものというべきであり、納税者は、各土地の時価と売買代金との差額に相当する金額について、これを母から贈与により取得したものとして、贈与税の納税義務を負うというべきであるとされた。

　「不動産鑑定評価額に合理性を欠く」⇒（中略）⇒「錯誤無効の主張

は認められない」とあります。

　鑑定評価額の合理性についての主張は当然、納税者が負いますが、それが不知、うっかりであっても同様の結論になると思われます。

重要情報

資産税審理研修資料Ｈ230800

行政文書　資産税審理研修資料　平成23年８月作成　東京国税局　課税第一部　資産課

税課　資産評価官

Ⅶ　財産評価審理上の留意点

1　鑑定評価書の仕組み

　鑑定評価額の決定までの流れは、次のとおりである。

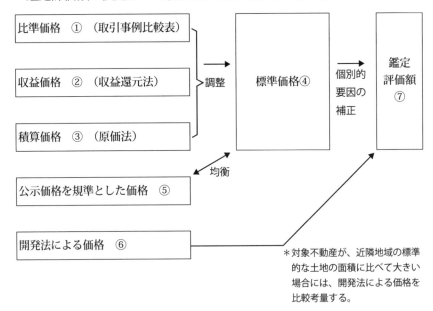

①比準価格

　比準価格とは、鑑定評価の手法のひとつである取引事例比較法により求めた価格をいう。

　取引事例比較法とは、類似の取引事例の取引価格について、事情補正（売り急ぎなどの特殊事情のある場合、正常な事情の下に補正すること。）、時点修正（価格時点の価格に修正すること。）等を行った後に、標準化補正（事例地の存する地域における標準的な宅地の価格に補正すること。）及び地域格差の補正（事例地と対象不動産の存する地域が異なる場合に地域相互間の比較・補正をすること。）を行うことにより価格を求める手法である。

②収益価格

　収益価格とは、鑑定評価の手法のひとつである収益還元法により求めた価格をいう。

　収益還元法とは、価格と賃料には元本と果実との間に認められる相関関係が存在するという考え方に基づき、賃料から価格を求める手法である。すなわち、対象不動産から将来得られると予想される賃料収入等の総収益から経費等の総費用を控除して求めた純収益を、還元利回りによって還元して価格を求める手法である。

③積算価格

　積算価格とは、鑑定評価の手法のひとつである原価法により求めた価格をいう。

　原価法とは、対象不動産と同じ不動産を価格時点において再び調達した場合のコストである再調達原価を基に価格を求める手法である。

　再調達原価は、素地の取得原価に造成工事費等を加算して求める。

　この手法は新しく開発造成された団地や埋立地など、素地の取得原価がわかる土地には適用が可能である。しかし、造成されてから年数が経過して熟成した既成市街地等には、素地の取得原価が把握できないため適用できない。

④標準価格

　標準価格とは、対象不動産が存する近隣地域における標準的な宅地の価格をいう。

　この場合の「標準的な宅地」とは、「近隣地域の状況」に示されるような街路条件、交通接近条件、環境条件及び行政的条件等を備えている

地域において、標準的な状態にある宅地をいう。

　標準価格は、比準価格、収益価格、積算価格を関連付け、公示価格を規準とした価格との均衡を勘案して求める。

　なお、取引事例比較法、収益還元法、原価法の各手法から算出された３つの価格及び開発法による価格は、適正な鑑定評価額を求めるための試算的な価格であるため「試算価格」と呼ばれている。

⑤公示価格を規準とした価格（公示規準価格）

　公示価格を規準とした価格とは、地価公示法第11条により、対象不動産と類似する公示地の公示価格と比較して求めた価格をいう。

⑥開発法による価格

　開発法による価格とは、対象不動産を開発する場合に、一体利用をすることが合理的と認められるときは、価格時点において、最有効使用の建物が建築されることを想定して、販売総額から通常の建物建築費相当額及び発注者が直接負担すべき通常の付帯費用を控除して得た価格をいう。また、分割利用をすることが合理的と認められるときは、価格時点において、区割りして、標準的な宅地とすることを想定し、販売総額から通常の造成費相当額及び発注者が直接負担すべき通常の付帯費用を控除して得た価格をいう。

⑦鑑定評価額

　鑑定評価額は、上記④の標準価格を基に、その地域における標準的な宅地との個別的要因の比較を行って求める。対象不動産が、その地域における標準的な宅地である場合、標準価格と鑑定評価額は一致する。

2　鑑定評価書の検討の進め方

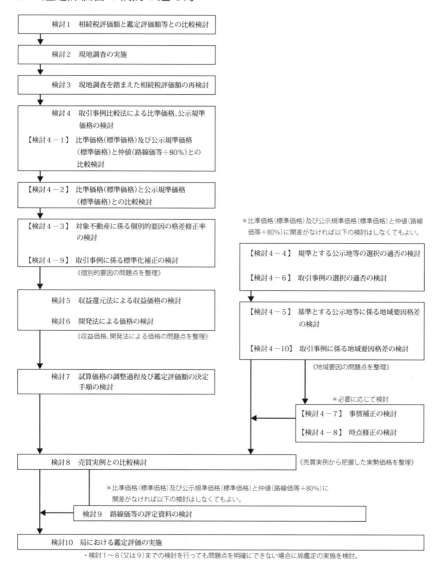

検討1　相続税評価額と鑑定評価額等との比較検討

検討2　現地調査の実施

検討3　現地調査を踏まえた相続税評価額の再検討

検討4　取引事例比較法による比準価格、公示規準
　　　　価格の検討

【検討4－1】　比準価格(標準価格)及び公示規準価格
　　　　　　　(標準価格)と仲値(路線価等÷80%)との
　　　　　　　比較検討

【検討4－2】　比準価格(標準価格)と公示規準価格
　　　　　　　(標準価格)との比較検討

【検討4－3】　対象不動産に係る個別的要因の格差修正率
　　　　　　　の検討

【検討4－9】　取引事例に係る標準化補正の検討

　　　　　　　《個別的要因の問題点を整理》

検討5　収益還元法による収益価格の検討

検討6　開発法による価格の検討

　　　　　　　《収益価格、開発法による価格の問題点を整理》

検討7　試算価格の調整過程及び鑑定評価額の決定
　　　　手順の検討

＊比準価格(標準価格)及び公示規準価格(標準価格)と仲値(路線
　価等÷80%)に開差がなければ以下の検討はしなくてもよい。

【検討4－4】　規準とする公示地等の選択の適否の検討

【検討4－6】　取引事例の選択の適否の検討

【検討4－5】　基準とする公示地等に係る地域要因格差
　　　　　　　の検討

【検討4－10】　取引事例に係る地域要因格差の検討

　　　　　　　《地域要因の問題点を整理》

　　　　　　　　＊必要に応じて検討

【検討4－7】　事情補正の検討

【検討4－8】　時点修正の検討

検討8　売買実例との比較検討

　　　　　　　《売買実例から把握した実勢価格を整理》

＊比準価格(標準価格)及び公示規準価格(標準価格)と仲値(路線価等÷80%)に
　開差がなければ以下の検討はしなくてもよい。

検討9　路線価等の評定資料の検討

検討10　局における鑑定評価の実施

・検討1～8(又は9)までの検討を行っても問題点を明確にできない場合に局鑑定の実施を検討。

3　検討の方法及び手順の概要

（1）個別的要因、地域要因の把握と適正な相続税評価額の算定（検討1、検討2、検討3）

　不動産の評価における最も重要なことは、現地及びその周辺の状況を的確に把握することである。したがって、鑑定評価の内容を検討するためには、現地及びその周辺の状況を確認し、鑑定評価書に記載されている現地及びその周辺の現状把握に誤りがないかを把握し、その状況を織り込んだ相続税評価額を適正に算定し、鑑定評価額との比較を行うことが第一段階の作業となる。

（2）比準価格（標準価格）及び公示規準（標準価格）と路線価等の価格水準との比較（4相続税評価額と鑑定評価額等の比較表（以下「比較表」という。）Ⅱ−1、Ⅱ−2）（【検討4−1】、【検討4−2】）

　鑑定評価書の検討の目的は、相続税評価額との開差の原因を把握し、鑑定評価のどこに問題があるのかを抽出することである。

　その意味で、最初に比準価格（標準価格）及び公示規準価格（標準価格）が路線価等を80％で割り戻した金額と均衡しているかを確認する。

　標準価格は、近隣地域の標準的使用における標準的画地規模の価格のため、比準価格（標準価格）及び公示規準価格（標準価格）は、路線価等評定の基になる価格と同水準の価格ということになる（評価事務ではこの価格を「仲値」という。）。実際には、路線価等においてはその年の1月1日時点、鑑定評価においては依頼者の指示した時点（価格時点）で評価するため、時点の相違はあるが、まず、鑑定評価書の比準価格（標準価格）及び公示基準価格（標準価格）が路線価等評定の基になる仲値と開差が生じているかどうかを確認することが検討を進める上で非常に重要となる。

　つまり、比準価格（標準価格）及び公示規準価格（標準価格）が仲値（路線価等÷80％）と均衡していれば、その鑑定評価書では、路

線価等は適正な価格水準ということになる。

　なお、仲値（路線価等÷80％）と均衡が取れていない場合には、「（6）取引事例の検討」を行うことにより問題点を把握することになる。

比準価格（標準価格）・公示規準価格（標準価格）≒仲値（路線価等÷80％）　均衡しているか？

（3）対象不動産の個別的要因及び取引事例に係る標準化補正の検討（比較表Ⅱ－3）（【検討4－3】、【検討4－9】）

　（2）で比準価格（標準価格）及び公示規準価格（標準価格）が仲値（路線価等÷80％）と均衡しているにもかかわらず、比準価格（対象土地ベース）と相続税評価額に開差が発生している場合には、相続税評価額との開差の原因は、対象不動産の個別的要因の格差査定を過大に行っていることが考えられる。したがって、①比準価格を試算するための取引事例に係る標準化補正との比較、②評価通達に定める画地調整率との比較、③「土地価格比準表」の格差率との比較により、何の項目について過大な格差調査を行っているかを確認する。

＊土地価格比準表

　平成6年に国土庁（現国土交通省）が発出した通達で、不動産の鑑定理論に精通していない都道府県職員でも適正な土地評価を行い、国土利用計画法に規定する規制区域内の土地取引の許可等を適正に執行できることを目的としたもので、鑑定士が鑑定評価を行うに当たっても利用されている。

（4）収益価格及び開発法による価格の検討（比較表Ⅱ－4）（検討5、検討6）

　収益価格及び開発法による価格を試算している場合には、これらの試算価格の問題点の把握を行うことになる。

　収益価格及び開発法による価格は、実際の取引事例を基に価格を試算する比準価格に比べ、想定の要素が多く、鑑定士の判断如何で実勢から乖離した価格になりやすいため、収益価格及び開発法による価格の検討については、標準的な建築費、賃料等がいくらかを把握する必

要がある。

（5）試算価格の調整過程と鑑定評価の決定手順の検討

　イ　試算価格の調整過程（比較表Ⅱ－4）（検討7）

　　　鑑定評価額は1つの試算価格のみで決定せず、他の試算価格との比較検討、公示基準価格との均衡確保が求められることから、比準価格のほか、収益価格や開発法による価格を試算することになる。そして、これらの試算価格を、鑑定士の専門的判断、経験則に基づき比較検討した上で、最終的な鑑定評価額を決定するが、比準価格と収益価格の単純平均額、あるいは区画を分割して分譲するのが最も有効な使用方法であるという理由だけで十分な比較検討を行わないまま開発法による価格のみで鑑定評価額を決定するなどにより、相続税評価額との開差が発生する例も多く見受けられる。

　　　このようなことから、鑑定評価額の決定段階で、どの試算価格を重視しているかを把握する必要がある。例えば、比準価格、収益価格、開発法による価格を試算しても、鑑定評価額は開発法による価格のみで決定している場合には、開発法による価格を重点的に検討することが効率的であり、また、収益価格及び開発法による価格は参考程度にとどめている場合には、比準価格を重点的に検討することが効率的である。

　ロ　公示規準価格との均衡確保の有無（比較表Ⅱ－2）（【検討4－2】）

　　　鑑定評価額の決定手順の検討において、公示規準価格との均衡確保を行っているかどうかの確認も重要である。

　　　稀に公示規準価格を考慮しないで鑑定評価額を決定している鑑定評価書があるが、公示価格等を基準とすることは、法令（地価公示法8）でも規定されている重要な手順であるため、公示規準価格との均衡確保を行っていない場合には注意が必要となる。

（6）取引事例の検討（【検討4－4】～【検討4－8】、【検討4－10】）

　　（2）で比準価格（標準価格）又は公示規準価格（標準価格）と仲値（路線価等÷80％）との均衡がとれていない場合に、鑑定評価書に記載されている取引事例についての検討を行う。

　　ここでは、①取引事例地の属する地域間の格差の比較（矛盾がないか。）、②取引事例地に接面する路線価等の格差の比較、③周辺の公示地等の比較を行う。

（7）売買実例との比較検討（検討8）

　　（5）イの試算価格の調整過程で、収益価格や開発法による価格を重視すること等により、相続税評価額との乖離が発生している場合には、売買実例を確認することが効果的となる。鑑定評価書が専門的事項や経験則に基づく鑑定士の判断であったとしても、実際の取引の実情からみると時価を的確に捉えていないケースがある。

　　また、鑑定評価書の採用した取引事例が不適切なものかどうかの判断も、売買実例の検討を行うことにより確認することができる。

（8）路線価等の評定資料の検討（検討9）

　　鑑定評価書で査定している取引事例に係る地域要因の格差の問題点を明確にするため、路線価等の評定資料（標準地に係る鑑定評価額、精通者意見価格等）が参考になる。

　　路線価等の評定に当たっては、地価動向を的確に把握するため、鑑定評価額や精通者意見価格を収集している地点が数多くあり、必要に応じて、それらの資料を確認することで、鑑定評価の問題点を把握することができる。

（9）局における鑑定評価の実施等（検討10）

　　以上の検討を行っても、問題点が明確に抽出できない場合には、他の鑑定評価書と比較することも有効である。また、鑑定評価額による

申告等事案の処理支援として、局において鑑定評価を実施しているため、その必要性について検討を行う。

4　鑑定評価書チェックシート

※記載に当たっては、該当する項目（□）に✓を付ける。

チェックポイント	注意	問題なし
《検討1　相続税評価額と鑑定評価額等との比較検討》 1　相続税評価額と鑑定評価額等に開差があるか。 　☞　開差がある場合には、「相続税評価額と鑑定評価額等の比較表」（以下「比較表」という。）を作成し、両者の開差が、どの段階でその程度生じているかを抽出する。 　☞　比較表Ⅰ－2	□はい	□いいえ
2　評価通達に定める評価単位と鑑定評価の評価単位は一致しているか。 　☞　評価通達では評価単位を複数でとらえている土地であっても、鑑定評価書では1評価単位でとらえている場合があるので注意する。双方で異なる場合には総額で検討する。	□いいえ	□はい
3　相続税評価額の算定の際、評価通達上のしんしゃくを正しく適用しているか。	□いいえ	□はい
《検討2　現地調査の実施》 【検討2－1】対象不動産の周辺の状況の確認 1　鑑定評価書に記載されている対象不動産の周辺の状況（商業地、住宅地等）、都市計画上の用途地域、建ぺい率、容積率、街路状況、環境などが現地の状況と一致しているか。	□いいえ	□はい
2　鑑定評価書に記載されている近隣地域の標準的な土地の使用状況（標準的画地規模、標準的使用）が現	□いいえ	□はい

地の状況と一致しているか。		
【検討2－2】対象不動産の状況の確認 1　鑑定評価書に記載されている対象不動産の個別的 　要因の各項目が現地の状況と一致しているか。 　☞　前面道路の幅員、減価要因の有無等の確認を実 　　施するとともに、写真撮影（撮影方向を住宅地図に 　　明示）を実施する。なお、個別的要因（例えば、「無道 　　路地」等）で、市区町村担当課で確認できるものに 　　ついては必ず確認する。	□いいえ	□はい
2　対象不動産が売却されているか。 　☞　対象不動産が売却されている場合もあるため、 　　登記事項証明書で確認をする。	□はい	□いいえ
3　対象不動産が造成されているか。 　☞　造成費の実額（単価）が判明することから、開発 　　法を適用している場合の有力な検証手段となる。	□はい	□いいえ
《検討3　現地踏査を踏まえた相続税評価額の再検討》 1　現地踏査により新たに把握した個別的要因につい 　て、評価通達に基づきしんしゃくできる事項がある 　か。	□はい	□はい
2　相続税評価額の算定の際、傾斜度に応じた宅地造 　成費を適用しているか。	□いいえ	□いいえ
《検討4　取引事例比較法による比準価格、公示規準価 格の検討》 【検討4－1】比準価格（標準価格）及び公示規準価格 （標準価格）と仲値（路線価等÷80％）との比較検討 1　取引事例比較法による比準価格（以下「比準価格」 　という。）で近隣地域の標準的使用における標準的画 　地規模の価格（以下「標準価格」という。）と仲値（路線 　価等÷80％）に開差があるか。	□はい	□いいえ

☞　比較表Ⅱ－1		
2　公示価格等を基準とした価格(以下「公示規準価格」という。)と仲値(路線価等÷80％)に開差があるか。 　☞　比較表Ⅱ－2 　☞　標準価格と仲値に開差がなければ、【検討4－4】～【検討4－8】及び【検討4－10】の検討をしなくてもよい。	□はい	□いいえ
【検討4－2】比準価格(標準価格)と公示規準価格(標準価格)との比較検討 1　標準価格の決定に当たって、近隣地域内等の公示規準価格との均衡確保の検討を行っているか。 　☞　公示地の所在する地域の正常価格を求める場合には、必ず公示規準価格を求めて、試算価格との均衡確保の検討を行わなければならないが(地価公示法8)、近隣地域等から遠隔にある公示地等又は用途地域の異なる公示地等により公示規準価格は、比準価格と並んで重要なものである。 　☞　広大地、雑種地、農地、山林等については、稀に公示規準価格との均衡確保の検討を行っていない場合も認められるので注意が必要である。	□いいえ	□はい
【検討4－3】対象不動産に係る個別的要因の格差修正率の検討 1　対象地の個別的要因の格差修正率は適切か。 　☞　格差修正率が150％程度を超えるもの又は65％程度を下回るものは、標準的画地と比較して個別性の強い土地といえるが、この修正率の合理的な算定根拠を示さずに査定している場合には、評価通達に定める画地調整率及び土地価格比準表により検証する。	□いいえ	□はい
2　同様の個別的要因を重ねて査定しているか。	□はい	□いいえ

☞　広大地補正と市場減価補正等及び不整形地補正と市場減価補正等は同じレベルのものであり重ねて査定することはできない。		
3　個別的要因の格差(画地規模、画地条件(道路との接面状況、形状等))は標準補正と比較して整合性はとれているか。 　☞　比較表Ⅱ−3 　☞　個別的要因の格差修正率と取引事例地の標準化補正の補正率に整合性がとれていない場合がある。	□いいえ	□はい
【検討4−4】基準とする公示地等の選択の適否の検討 1　近隣地域等から公示地等を選択しているか。 　☞　近隣地域等に公示地等が存するにもかかわらず、遠方の公示地等を採用している場合がある。なお、遠方の公示地等を採用せざるを得ない場合としては、公示地等の数が少ない宅地見込地、市街化調整区域内の山林等が考えられる。	□いいえ	□はい
2　都市計画法上の用途地域及び容積率等の行政的条件は、対象不動産と同一又は類似しているか。	□いいえ	□はい
【検討4−5】基準とする公示地等に係る地域要因格差の検討 1　地域要因の格差補正の査定は適正か。 　☞　市域要因格差が150%程度を超えるもの又は65%程度を下回るものは、類似地域に存する公示地等に該当するかどうか検証を要する(【検討4−6】参照)。	□いいえ	□はい
【検討4−6】取引事例の選択の適否の検討 1　近隣地域等から取引事例を選択しているか。 　☞　近隣地域等に取引が存するにもかかわらず、遠方の取引事例を採用している場合には、売買実例	□いいえ	□はい

を確認して取引事例の選択の適否を検討する。(検討8参照)。

2　土地の評価に当たり複合不動産(土地及び建物)の取引事例を採用している場合に、土地及び建物の価額の総額から適正に建物価額の控除を行って土地価額を算定しているか。 ☞　複合不動産の価額から控除すべき建物価額を過大評価して土地価額を過少に算定している場合がある。	□いいえ	□はい
3　都市計画法上の用途地域及び容積率等の行政的条件は、対象不動産と同一又は類似しているか。 ☞　地域の特性(標準的使用)又は価格水準が類似する地域の取引事例であるか確認する。	□いいえ	□はい
4　対象地と取引事例地の画地規模等は類似しているか。 ☞　例えば、マンション用地等の大規模画地の評価に際して小規模な更地等の取引事例を採用することは適切ではない。	□いいえ	□はい
5　著しく個別格差(画地規模、画地条件(道路との接面状況、形状等))の大きい事例を選択しているか。 ☞　取引事例に係る標準化補正の補正率の査定は、補正率の低い方(類似性が高い方)が客観的である。	□はい	□いいえ
6　取引時点が古く、適切な時点修正をすることができないような取引事例を選択しているか。	□はい	□いいえ
【検討4-7】事情補正の検討 1　事情補正は適正に行われているか。 ☞　土地取引に特殊な事情があっても、その内容は不明なことが多いから事情補正を行う必要がある	□いいえ	□はい

と認められる取引事例は極力採用しない傾向にある。 ☞　事情補正が不適切な使われ方(例：取引価格を低くするために、事情補正の必要がないにもかかわらず行っているなど。)をしていないか注意する必要がある。		
【検討4－8】時点修正の検討 1　近隣地域等に所在する公示地等の価格変動率と比較して時点修正率は適切に査定されているか。 ☞　近隣地域等に所在する公示地等によらないで、遠方又はは用途地域の異なる公示地等の価格変動率を採用している場合がある。	□いいえ	□はい
【検討4－9】取引事例に係る標準化補正の検討 1　標準化補正(間口、奥行、形状等)は適正か。 ☞　取引事例地の標準的画地のとり方等について、住宅地図近隣地域等の公示地等を参考にする。	□いいえ	□はい
2　対象地に係る個別的要因の格差修正率と取引事例地の標準化補正の補正率に整合性はあるか。 ☞　対象地の個別的要因の格差修正率又は取引事例地の標準化補正を故意に歪め、対象地の比準価格を低額に算定する場合があることから、評価通達に定める画地調整率及び土地価格比準表を参考に検証する。	□いいえ	□はい
3　取引事例相互間の標準化補正に整合性はあるか。	□いいえ	□はい
【検討4－10】取引事例に係る地域要因格差の検討 1　地域要因格差の査定は適正か。 ☞　地域要因拡散の修正率が150％程度を超えるもの又65％程度を下回るものは、類似地域に存する取引事例に該当するかどうか検証を要するが、具体的には相続税路線価の格差割合、固定資産税路	□いいえ	□はい

線価の格差割合、土地価格比準表を参考にする(地域要因格差が70%〜130%程度の範囲内の取引事例を採用するのが一般的である。)。

2　取引事例相互間の地域要因格差に整合性はあるか。	□いいえ	□はい

《検討5　収益還元法による収益価格の検討》
(想定建物)

1　想定する建物の敷地面積、延床面積が対象地の面積、形状、基準容積率等及び周辺の状況からみて適切か。	□いいえ	□はい

(収益項目)

2　賃貸用住宅等の賃貸を想定している場合、その賃料は、近隣の賃料と比較して適切に算定されているか。	□いいえ	□はい

(還元利回り)

3　還元利回りの査定における割引率、純収益の変動率は、地価公示と比較して、適切に査定しているか。	□いいえ	□はい

☞　割引率、純収益の変動率は、地域・用途等により異なるものであるが、最近の地価公示で用いられる割引率(地価公示では基本利率)は、住宅地・商業地とも5%程度、純収益の変動率に関しても0.5%程度である。通常、還元利回りは、純収益の変動率を考慮して、割引率から純収益の変動率を控除して求める。

(費用項目)

4　賃貸住宅用等の賃貸を想定している場合、それに係る経費項目は適切に算定されているか。	□いいえ	□はい

☞　総経費率は総収益の25%前後が一般的である(経費内訳は次のとおり。)。
・修繕費:再調達原価の1.0%程度又は総収益の

<table>
<tr><td>

5～7％程度
・維持管理費：年間賃料の3～5％程度
・公租公課：実額又は見積り
・損害保険料：再調達原価の0.1％程度
・賃倒れ準備費：敷金等で担保されているので原則として計上しない
・空室等損失相当額：総収益の5％程度又は月額賃料の1／2～1か月分程度
・減価償却費：原則として計上しないことに留意〔償却前純収益を使用〕

</td><td></td><td></td></tr>
<tr><td>

5　賃貸用住宅等の建築を想定している場合、その再調達原価（建築工事費）は、類似の建築事例や各種統計資料から推定した金額に比して適切に算定されているか。
☞　標準的な建築工事費は、国土交通省の建築統計年報によると、平成21年で鉄骨169.5千円/㎡、SRC（鉄骨鉄筋コンクリート）265.2千円/㎡であり、これに設計監理料として建築工事費の3～5％程度が加算されるのが一般的である。

</td><td>□いいえ</td><td>□はい</td></tr>
<tr><td>

《検討6　開発法による価格の検討》
※開発法は対象不動産の面積が近隣地域の標準的な土地の面積に比べて大きい場合等（鑑定士の判断による。）に適用する。

</td><td></td><td></td></tr>
<tr><td>

1　最有効使用の判定（区画分譲用地なのか又はマンション用地なのか。）は適切か。
☞　過去数年間の住宅地図は、近隣地域の開発状況が明らかになることから、最有効使用の判定に当たり有力な検証材料となる。
☞　開発法による鑑定評価が必要であるかどうか（評価対象地が標準的な土地の面積に比べて大きいといえるか。）も検討する。

（有効面積の算定）

</td><td>□いいえ</td><td>□はい</td></tr>
</table>

2　開発行為を行うとした場合の潰れ地は、市区町村等の開発指導要綱に定められた必要最小限度のものとしているか（課税時期の開発指導要綱を市区町村に確認すること。）。 （例）・必要以上の道路幅員又は道路延長距離にしている。 　　　・小規模開発なのに公園、集会場等の公共施設を設置している。 　　　・都市計画公園等の指定を受けていると一体開発できない場合もある。 　　　・前面道路の位置関係等から区画分譲又はマンション開発を行うことができない場合もある。	□いいえ	□はい
3　開発想定図は道理的なものと認められるか。 ☞　区画を異常な形状にするなど、無理な開発計画を策定している場合がある。	□いいえ	□はい
（分譲単価） 4　区画分譲を想定している場合、その宅地の1㎡当たりの平均分譲単価は適切か。 ☞　区画の分譲単価の査定に当たって、取引事例比較法、収益還元法を適用している場合には、比準価格及び収益価格のチェックポイントも参考にすること。 　　また、近隣地域等の公示価格及び周辺の分譲地の広告等も検証の際の参考になる。	□いいえ	□はい
5　マンション分譲を想定している場合、1㎡当たりの平均販売単価は適切か。 ☞　周辺のマンションの広告等が検証の際の参考となる。	□いいえ	□はい
（費用項目） 6　建築工事費は、類似事例や精通者等意見から推定	□はい	□いいえ

した金額に比して過大となっているか。 ☞　標準的な建築工事費は、国土交通省の建築統計 　年報によると、平成21年で鉄骨169.5千円/㎡、SRC 　(鉄骨鉄筋コンクリート)265.2千円/㎡。それに設 　計監理料として建築工事費の3〜5％程度が加算 　されるのが一般的である。		
7　造成工事費は、類似事例や精通者意見等から推定 　した金額に比して過大となっているか。 ☞　造成工事費については、業者からとった見積書 　等を添付している場合もあるが、造成単価が高額 　となっている場合や不必要な造成工事に係る費用 　を含めている場合(調整池等)もあるので注意が必 　要である。	□はい	□いいえ
8　投下資本収益率の査定、販売費及び一般管理費の 　計上は適切か。 ☞　一般に投下資本収益率は、区画分譲の場合は 　10％程度、マンション分譲の場合は12％程度、開 　発の危険率の高いものは15％程度となっている。 　なお、危険率の高いものとは、造成・建築期間が長 　期におよぶ、造成工事費がかさむ、開発の難易度、 　区画分譲・マンション販売にリスクを伴う場合等 　をいう。 ☞　区画分譲に係る販売費及び一般管理費は、分譲 　総額の8〜 10％程度、マンション販売に係る販売 　費及び一般管理費は、販売総額の10％程度が一般 　的である。	□いいえ	□はい
9　宅地造成工事費は類似の工事期間に比して長い 　か。 ☞　宅地造成工事は、1,000㎡でおよそ9か月位が一 　般的である。	□はい	□いいえ
《検討7　試算価格の調整過程及び鑑定評価額の決定		

手順の検討》		
1　一つの試算価格に偏って鑑定評価額を決定しているか。	□はい	□いいえ
☞　比較表Ⅱ－4		
☞　住宅地域の場合、収益性よりも居住の快適性、利便性が重視されることから、重視される価格は、収益価格よりも比準価格や公示規準価格である。		
☞　広大地について、比準価格を算定しないで、開発法による価格だけで鑑定評価額を決定しているものもあるが、これは鑑定基準に沿ったものとはいえないので、画地規模の大きな取引事例から時価の検証を行い、比準価格を試算する必要がある。		
2　各試算価格の間に開差が生じている場合、開差が生じた理由の解明に努めているか。	□いいえ	□はい
☞　単純に試算価格の平均値により鑑定評価額を決定している場合等は合理的と認められない。		
（公示基準価格との均衡確保）※鑑定評価額の決定の段階で、公示規準価格との均衡確保を行っている場合には、この項でチェックする（【検討4－2】と同一内容）。		
3　鑑定評価額の決定に当たって、公示基準価格との均衡確保の検討を行っているか。	□いいえ	□はい
《検討8　売買実例との比較検討》		
1　売買実例との検証の結果、取引事例の選択、地域要因の把握は適正か。	□いいえ	□はい
2　売買実例による検証の結果、試算価格の調整に問題があるか。	□はい	□いいえ
3　取引実例のうち、署で収集した売買実例と一致するものがあるか。	□はい	□いいえ

補正の適否についても具体的に判断することができる。		
《検討9　路線価等の評定資料の検討》 1　路線価等を評定する場合の標準地の鑑定評価額、精通者意見価格等からみて、地域要因の格差等の把握は適正と認められるか。 　☞　標準価格と仲値に開差がある場合など、必要に応じて評価専門官へ標準地の位置、鑑定評価額又は精通者意見価格等を確認する。	□いいえ	□はい
《検討10　局における鑑定評価の実施》 1　局の鑑定評価を要望するに当たり、検討1から検討8（標準価格と仲値（路線価等÷80％）に開差がある場合は検討9を含む。）を的確に行っているか。	□いいえ	□はい

5　相続税評価額と鑑定評価額の比較表

	整理番号	

Ⅰ　対象不動産の状況等

1　評価対象不動産の概要

所在地 （住居表示）		地積	公簿：　　㎡	課税時期：
			実測：　　㎡	価格時点：

2　相続税評価額と鑑定評価額との比較

	①鑑定評価額	②相続税評価額	開差割合（（①−②）/②）	開差額（①−②）	検討の要否
総額	円	円	%	円	
単位（㎡）	円	円	%	円	

3　相続対象不動産の路線価等

路線価方式	①鑑定評価額	倍率方式	固定資産税評価額＊	倍率	倍率を乗じた価格
	円／㎡		円／㎡	倍	円／㎡

＊固定資産税路線価ベースの評価額を記入。

Ⅱ　検討

1　比準価格（標準価格）と仲値との比較

③比準価格 （標準価格）＊	④路線価等 （Ⅰ−3）	⑤仲値（標準価格ベース） （④÷80%）	開差割合 （（③−⑤）/⑤）	開差額（③−⑤）	検討の要否
円／㎡	円／㎡	円／㎡	%	円／㎡	

＊標準価格を求めていない場合には記入不要。なお、標準価格を求めていない場合で、区画分譲を想定した開発法を適用している場合には、分譲価格を求める際の比準価格（標準価格）の内容を記入する。

2　相続税評価額と鑑定評価額との比較

公示地等番号	⑥公示規準価格 （標準価格）＊	④路線価等 （Ⅰ−3）	⑤仲値（標準価格ベース） （④÷80%）	開差割合 （（⑥−⑤）/⑤）	開差額（⑥−⑤）	検討の要否
	円／㎡	円／㎡	円／㎡	%	円	
				%	円	

＊標準価格を求めていない場合には、公示規準価格について、個別的要因の格差修正率を乗じる前の価格を記入する。

3　対象不動産に係る個別的要因の格差修正率と評価通達の画地補正率との比較

鑑定評価	相続税評価＊	検討の要否

＊「相続税評価」については、評価通達の画地調整率の増減価率を％で記入する（側方路線価等の考慮は不要）。

4　試算価格等（対象土地ベース）の比較

		⑦試算価格	①鑑定評価額	⑤仲値（対象土地ベース） （②単価÷80%）	鑑定評価額との開差割合 （（⑦−①）/①）	仲値との開差割合 （（⑦−⑤）/⑤）	検討の要否
イ	比準価格	円／㎡	【検討内容等】＊		%	%	
ロ	収益価格	円／㎡			%	%	
ハ	開発法による価格	円／㎡			%	%	
ニ	公示規準価格	円／㎡	円／㎡	円／㎡	%	%	

＊鑑定評価書に記載されている鑑定評価額の決定に当たっての検討内容等を簡記する。

○　相続評価額と鑑定評価額等の比較表

記　載　例

整理番号	18-0001

Ⅰ　対象不動産の状況等

1　評価対象不動産の概要

所在地 （住居表示）	○○県○○市○○○○丁目○番○○ （○○○○丁目－○○）	地積	公簿：208.50㎡ 実測：210.00㎡	課税時期：H○.○.○ 価格時点：H○.○.○

2　相続税評価額と鑑定評価額との比較

	①鑑定評価額	②相続税評価額	開差割合（（①－②）/②）	開差額（①－②）	検討の要否
総額	54,000,000円	61,792,500円	△12.6％	△7,792,500円	
単位（㎡）	257,000円	294,250円	△12.7％	△37,250円	

3　相続対象不動産の路線価等

路線価方式	①鑑定評価額 円／㎡	倍率方式	固定資産税評価額＊ 円／㎡	倍率 倍	倍率を乗じた価格 円／㎡

＊固定資産税路線価ベースの評価額を記入。

Ⅱ　検討

1　比準価格（標準価格）と仲値との比較

③比準価格 （標準価格）＊	④路線価等 （Ⅰ－3）	⑤仲値（標準価格ベース） （④÷80％）	開差割合 （（③－⑤）/⑤）	開差額（③－⑤）	検討の要否
270,000円／㎡	280,000円／㎡	350,000円／㎡	△22.9％	△80,000円／㎡	

＊標準価格を求めていない場合には記入不要。なお、標準価格を求めていない場合で、区画分譲を想定した開発法を適用している
　場合には、分譲価格を求める際の比準価格（標準価格）の内容を記入する。

2　相続税評価額と鑑定評価額との比較

公示地等番号	⑥公示規準価格 （標準価格）＊	④路線価等 （Ⅰ－3）	⑤仲値（標準価格ベース） （④÷80％）	開差割合 （（⑥－⑤）/⑤）	開差額（⑥－⑤）	検討の要否
公○－3	258,000円／㎡	280,000 円／㎡	350,000 円／㎡	△26.3％ ％	△92,000円／㎡ 円／㎡	

＊標準価格を求めていない場合には、公示規準価格について、個別的要因の格差修正率を乗じる前の価格を記入する。

3　対象不動産に係る個別的要因の格差修正率と評価通達の画地補正率との比較

鑑定評価		相続税評価＊		検討の要否
二方路	3	二方	5	
不整形	△5	不整形	△2	
		奥行	△1	
	△2		2	

＊「相続税評価」については、評価通達の
　画地調整率の増減価率を％で記入する
　（側方路線価等の考慮は不要）。

4　試算価格等（対象土地ベース）の比較

		⑦試算価格	①鑑定評価額	⑤仲値（対象土地ベース） （②単価÷80％）	鑑定評価額との開差割合 （（⑦－①）/①）	仲値との開差割合 （（⑦－⑤）/⑤）	検討の要否
イ	比準価格	265,000円／㎡	【検討内容等】＊ 収益価格を重視し、 比準価格を参酌。	367,813 円／㎡	3.1％	△28.0％	
ロ	収益価格	256,000円／㎡			△0.4％	△30.4％	
ハ	開発法による価格	円／㎡			％	％	
ニ	公示規準価格	円／㎡	257,000円／㎡		％	％	

＊鑑定評価書に記載されている鑑定評価額の決定に当たっての検討内容等を簡記する。

Ⅳ−5　贈与の効力が裁判で争われていた場合の当局のエビデンスの考え方

Q 贈与の当事者間でその贈与の効力が裁判で争われていた場合に、当該受贈者が当該受贈財産を課税財産に含めずに贈与税の申告をし、又は、贈与税の期限内申告書を提出しなかったことについて「正当な理由」の有無を判断する当局のエビデンスについての考え方を教えてください。

A 当局の情報では「調査においては、贈与の前後における当該贈与財産の管理及び運用の状況、当該受贈財産から生じる利益の受領状況等を確認することはもちろん、別件の訴訟における納税者の主張及びその証拠がどのようなものであるかを確認することも重要である。」とあります。これらに係る証拠力が高いと認定されうる証拠を検証します。

【解　説】

○調査に生かす判決情報〜判決（判決速報№1500【贈与税】）の紹介
　〜判決言渡日、令和元年7月3日、判決結果、国側勝訴（相手側が上告受理申立てしたため未確定）
《ポイント》
　加算税を賦課しない「正当な理由」があると認められる場合とは？
　〜別件の訴訟で贈与の効力が争われていたケース〜

事件の概要

1　X（納税者）は、平成26年9月にA（Xの父）から甲会社（非上場会社）の株式の贈与（以下「本件贈与」という。）を受けたが、Aは、同年12月、本件贈与はしていないなどと主張して、Aが当該株式の株主であるこ

との確認を求める訴訟（以下「別件訴訟」という。）を東京地方裁判
所に提起した。

2　東京地方裁判所は、平成28年２月、本件贈与が有効に成立した認
定し、Aの請求を棄却する判決を言い渡した（確定）。

3　Xは、平成28年６月に本件贈与について平成26年分の贈与税の期
限後申告をした。

4　Y（課税庁）は、Xに対して平成26年分の贈与税に係る無申告加
算税（５％）の賦課決定処分をした。

5　Xは、法廷申告期限内に申告をしなかったのは、本件贈与の有効性
が裁判で争われていた等の事情によるものであるから国税通則法（以
下「通則法」という。）66条１項ただし書に規定する「正当な理由が
あると認められる場合」に当たると主張して、上記４の処分の取消し
を求めて本訴を提起した。

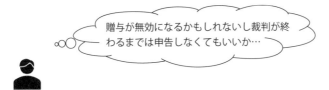

> 贈与が無効になるかもしれないし裁判が終
> わるまでは申告しなくてもいいか…

本件の争点

　Xが法定申告期限内に贈与税の申告書を提出しなかったことについ
て、通則法66条１項ただし書に規定する「正当な理由があると認めら
れる場合」に当たるか否か。

当事者の主張

納税者側の主張	国側の主張
本件贈与は、別件訴訟においてAから実質的に撤回が主張されるなどして、その効力が争われたため、贈与の効力が未確定の状態にあったことから、Xには、期限内申告書の提出がなかったことについて「正当な理由がある」と認められる。 贈与は、無効や取消しがあり得るから、その法的効果は不確定なものであり、訴訟において贈与の無効が主張されることで不確定性が高まるところ、本件では、贈与者たる父（A）から受贈者たる子（X）に対して贈与の無効を主張した訴訟が提起されたこと自体が「真に納税者の責めに帰することのできない客観的な事情」に該当する。	本件贈与は、別件訴訟によって必ずしも、その事実が否定されるものであったとはいえず、当該可能性があったというにとどまるものである。 また、Xは、本件贈与があった日（平成26年9月）に甲会社の代表者の異動があったとする異動届書を提出するとともに、別件訴訟が提起された日の前後において開催された臨時株主総会において、本件贈与に係る株式の議決権を行使し、役員の改選等をしている。これら一連のXの行為は、本件贈与が有効であることを当然の前提として行われたものである。（※下線筆者） さらに、Xは、別件訴訟において本件贈与は有効である旨主張していたのであって、法定申告期限において、本件贈与は有効であると認識していたことは明らかである。（※下線筆者） 以上からすれば、本件贈与により、Xの贈与税に係る納税義務が成立し、Xは本件贈与が有効であることを認識していたものである上、仮に、別件訴訟において本件贈与の成立が否定されたとしても更正の請求をすることができたことからすれば、「真に納税者の責めに帰することのできない客観的な事情」があったとは認められない。
〔主な証拠（根拠）〕 別件訴訟の判決書 　（※下線筆者）	〔主な証拠（根拠）〕 甲会社の履歴事項全部証明・異動届出書 　（※下線筆者）

裁判所の判断

1　「正当な理由があると認められる場合」の意義

　　本判決では、通則法66条1項ただし書きに規定する「正当な理由があると認められる場合」の意義について以下のとおり判示した。

　　通則法66条が定める無申告加算税は、申告納税方式による国税に関して、法定申告期限を遵守して申告をした者とこれをしなかった者との間に生ずる不公平を是正するとともに、申告義務違反の発生を防止し、適正な申告納税の実現を図り、もって納税の実を挙げようとする行政上の措置と解される。

　　かかる無申告加算税の趣旨に照らせば、期限内申告書の提出がなかったとしても例外的に無申告加算税が課されていない場合として通則法66条1項ただし書が定めた「正当な理由があると認められる場合」とは、真に納税者の責めに帰することのできない客観的な事情があり、上記のような無申告加算税の趣旨に照らしても、なお、納税者に無申告加算税を賦課すること不当又は酷になる場合をいうものと解するのが相当である。（過少申告加算税に関する判例であるが、最高裁平成18年4月20日第一小法廷判決）。

2　裁判所の判断

　　本判決は、「正当な理由があると認められる場合」を上記1のとおり解した上で、本件において当該規範が当てはまるか否かについて、次のとおり判断している。

1　XはAから本件贈与をしたことはないなどと主張され、別件訴訟を提起されたというにとどまるのであり、全証拠を精査しても、本件贈与が無効であるか又は有効である可能性が小さいことを客観的に裏付けるに足りる事実はうかがわれない。

　かえって、次のことが認められる。
①Xは、別件訴訟で本件贈与が有効に成立していると主張して争っていたこと。
②Xは、平成26年12月及び平成27年3月（別件訴訟が提起された日の前後）開催の臨時株主総会において、本件贈与に係る株式の議決権を行使していたこと。
③別件訴訟におけるAの主張を理由に、Xが甲会社から本件贈与に係る株式譲渡の名義書換請求を拒絶され、又は、本件贈与に係る株式の議決権の行使を拒絶されたなどの事実はうかがわれないこと。(※下線筆者)

2　贈与の効力が訴訟で争われている場合であっても、ひとまず贈与税の申告書を提出し、後に判決において贈与が無効とされた場合には更生の請求をすることが可能であった。

(通則法23①及び相続税法32②、通則法32②一、相続税法32①六及び相続税法施工令8②一)

【裁判所の評価】
　別件訴訟において本件贈与の撤回が実質的に主張されるなどしたことによって、本件贈与の効力が未確定の状態にあると判断し、法廷申告期限内に申告書を提出しなかったXには落ち度があるといわざるを得ない。

【裁判所の判断】
　Xの主張によっても、Xが平成26年分の贈与税の期限内申告書の提出をしなかったことについて、真に納税者の責めに帰することのできない客観的な事情があり、無申告加算税の趣旨に照らしてもなお納税者に無申告加算税を賦課することが不当又は酷になるものとまでは認められない。

国税訟務官室からのコメント

1　期限内申告書の提出がなかったことの「正当な理由」と主張立証責任について

　　通則法66条1項ただし書きに規定する「正当な理由」とは、期限内に申告書を提出しなかったことについて真にやむを得ない事由があ

る場合というものと解され、本判決も、「真に納税者の責めに帰することのできない客観的な事情があり、（中略）納税者に無申告加算税を賦課することが不当又は酷になる場合をいうものと解するのが相当である」としている。

　なお、無申告加算税は、納税者が法定申告期限内に申告書を提出しない場合に原則として課されるものであり、「正当な理由」が存在すると認められる場合、例外的に無申告加算税を課さないとするための要件であるから、加算税を免れようとする納税義務者の側にそれが存在することの主張立証責任があると解されている[20]。

2　本件贈与の状況について

　本件贈与は、平成26年9月の甲会社の株主総会に続く席上において、Aから甲会社株式をXに贈与することの意思表示がされ、これを受けるXの意思が合致したことにより、贈与契約が成立したものである。なお、甲会社は株券発行会社であるが、設立当初から株券を発行していなかったことから、AからXへの株式の贈与は、意思表示のみで効力が生じたものである（Xは、別件訴訟において、これらの事実等を根拠に本件贈与は有効に成立していると主張して争っていた。）。

3　裁判所の判断ポイント

　裁判所は、本件におけるXの主張は、結局のところ、贈与者であるAから贈与の不存在を理由に別件訴訟を提起されたというにすぎないものであり、「本件贈与が無効であるか又は有効である可能性が小さいこと」を「客観的に裏付けるに足りる事実」はないと認定した（前記「裁判所の認定判断」の1）（※下線筆者）

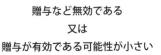
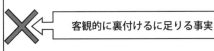

20　神戸地裁平成5年3月29日判決（なお、同判決は、その控訴審である大阪高裁平成5年11月19日判決により維持され確定している。）。

　さらに、ひとまず贈与税の申告書を提出し、後に判決において本件贈与が無効とされた場合には更正の請求をすることが可能であったこと（前記「裁判所の認定判断」の２）を併せ考慮すれば、「別件訴訟において本件贈与の撤回が実質的に主張されるなどしたことによって本件贈与の効力が未確定の状態にあると判断したＸには落ち度がある」と評価したものである。

4　参考裁判例について

　相続税の過少申告加算税に関する判例ではあるが、最高裁平成11年6月10日第一小法廷判決は、ある財産が相続税の賦課財産に属する可能性がないわけではないが、その可能性が小さいなど具体的な事情によっては、これを期限内申告に含めなかったことについて「正当な理由」が認められる余地もあるとの考え方に立ち、その要件を次のとおり判示している。

　相続財産に属する特定の財産の計算の基礎としない相続税の期限内申告書が提出された後に当該財産を計算の基礎とする修正申告書が提出された場合において、当該財産が相続財産に属さないか又は属する可能性が小さいことを客観的に裏付けるに足りる事実を認識して期限内申告書を提出したことを納税者が主張立証したときは、国税通則法65条4項にいう「正当な理由」があるものとして、同項の規定が適用されるものと解すべきである。

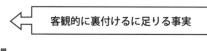

贈与など無効である
又は
贈与が有効である可能性が小さい

客観的に裏付けるに足りる事実

期限内申告書の提出時に、上記事実を納税者が「認識」していた（※下線筆者）

　本判決では、当該最高裁判決が示した「正当な理由」が認められるための要件について、「当該財産が相続財産に属さないか又は属する可能性が小さいこと」の部分を「本件贈与が無効であるか又は有効である可能性が小さいこと」に置き換えた上で、本件において、これに対応する「客観的に裏付けるに足りる事実」が存在したか否かを判断したものと考えられる[21]。

　なお、当該最高裁判決では、どの程度の具体的な主張立証がなされれば、「相続財産に属する可能性が小さい」となるかは、直接判示されていない。しかし、同判決は、①相続開始時点において相続財産である不動産に登記が会社名義に移転されており、既に被相続人名義ではなくなっていたこと及び②相続人らは期限内申告に際して、遺言書に当該不動産の記載はあるが係争中であり相続財産に属することが明らかになった時点で申告する旨を税務職員に告げていたことなど、当該事件において相続人らが主張したこれらの事実のみでは「正当な理由」があったとするには足りないと判断していることから、「正当な理由」が肯定される例は、かなり減点されるものと思われる[22]。（※下線筆者）

5　最後に

　贈与の当事者間でその贈与の効力が裁判で争われていた場合に、当該受贈者が当該受贈財産を課税財産に含めずに贈与税の申告をし、または、贈与税の期限内申告書を提出しなかったことについて「正当な理由」の有無を判断するにあたっては、本判決が判示した、「贈与が無効であるか又は有効である可能性が小さいことを客観的に裏付ける事実」が存在したか否かを検討する必要があり、その上で、「真に納税者の責めに帰することのできない客観的な事情があり、無申告加算税の趣旨に照らしてもなお納税者に無申告加算税を賦課することが不当又は酷になるもの」であったかを判断すべき（※下線筆者）である。

21　本判決の第一審では、上記最高判決を参照し、Xが本件贈与は有効であると「認識」していたと判断してXの請求を棄却していたが、本判決は、第一審の当該部分を引用していない。
22　判例タイムズ1010号233頁。

　したがって、調査においては、贈与の前後における当該贈与財産の管理及び運用の状況、当該受贈財産から生じる利益の受領状況等を確認することはもちろん、別件の訴訟における納税者の主張及びその証拠がどのようなものであるかを確認することも重要（※下線筆者）である。

　なお、別件の訴訟における事件記録については、照会文書作成システムから「民事事件記録閲覧（謄写）申請書」を作成して裁判所に申請すれば、申請から閲覧まで２週間程度かかるものの各裁判所で閲覧及び謄写が可能（※下線筆者）である。

　「なお、当該最高裁判決では、どの程度の具体的な主張立証がなされれば、「相続財産に属する可能性が小さい」となるかは、直接判示されていない。」とあることから事実認定に着地します。このとき、「①（筆者番号付す）贈与の前後における当該贈与財産の管理及び運用の状況、②（筆者番号付す）当該受贈財産から生じる利益の受領状況等を確認することはもちろん、③（筆者番号付す）別件の訴訟における納税者の主張及びその証拠」の確認の重要性が問われています。

　①、②については先述において詳細検討済です。③について、別件訴訟で納税者が贈与があったと主張している、すなわち当事者では贈与の意思の合致があったと主張しているにもかかわらず、では、判決が確定するまでは当該主張が通るか分からないので申告しない、では矛盾しているといえます。原則に従いいったん申告、別件訴訟の結果次第で更正の請求、修正申告をするのが無難です。

　この場合、③まで当局は確認するため、③での証拠（判決未確定）が逆に納税者主張が通らない要因になりえます。③がある場合、原則通りの申告をすべきか（又はしないものか）との一貫性がなければならないことになり、証拠としての別件訴訟資料は当該一貫性に従っているかを確認することになります。

Ⅳ−6　錯誤と贈与契約の関係に関するエビデンス

> **Q** 錯誤と贈与契約の関係について基本的項目を教えてください。

 A おおよそ下記のようにまとめることができます。

【解　説】

　下記国税庁通達の「5」では、①「過誤又は軽率」により登記等が行われ、かつ②それが「取得者等の年齢その他により確認できるとき」は、一定の要件のもと、贈与が無かったものとして取り扱う、とされています。

https://www.nta.go.jp/law/tsutatsu/kobetsu/sozoku/640523/01.htm

　また、上記通達の「11」及び、以下の「通達の運用について」の「4」によると、合意解除による取消し等の場合、原則として贈与税課税がなされるが、「著しく負担の公平を害する結果となると認める場合に限り、当該贈与はなかったものとして取り扱うことができる」とされています。

https://www.nta.go.jp/law/tsutatsu/kobetsu/sozoku/640704/01.htm

　下記は、「通達5」の適用が否認された事例です。しかし、申告期限までに戻されていれば、通達の適用ができると読めます。

○東京地裁昭和39年（行ウ）第72号、昭和36年度贈与税無効確認請求事件（棄却）TAINSコードZ059—2541

〔判示事項〕

(1)　贈与税申告後3年を経過した後に贈与不動産の登記名義を贈与者に戻した場合について、国税庁長官通達昭和39年直審（資）22(5)の

適用はないとされた事例

⑵　贈与税申告の無効を主張しうべき特段の事情がある場合に該当しないとされた事例

判決年月日　S45─03─23

〔本　文〕

原告は、右のごとく建物の登記名義が参加人に戻されている以上、税法上は、贈与がなかったものとして取り扱うべきであると主張し、その根拠として昭和39年直審（資）22⑸の通達を引用しているが、同通達は、被告主張のごとく、他人名義により不動産等を取得したことが過誤に基づき又は軽そつになされたものであり、かつ、これらの財産に係る最初の贈与税の申告若しくは決定又は更正の日前にこれらの財産の名義を取得者の名義に戻した場合に限り、これらの財産について贈与がなかったものとして取り扱う旨を示達したものであるが、成立に争いのない甲第5号証によって明らかなごとく、原告が建物の登記名義を参加人に戻したのは、前記贈与税の確定申告のなされた後で、しかも、それより3年余も経過してからのことであるから、到底、右通達の適用を受けえないものというべきである。

さらに下記判決においても、納税者は贈与税が課税されないと誤信していたと主張していますが、法定申告期限を過ぎていることを理由に、錯誤は認められないと判断されています。

○高松高裁平成17年（行コ）第4号賦課決定処分等取消請求控訴事件（棄却）（上告）平成18年2月23日判決　TAINSコードZ256-10328

【要素の錯誤と重大な過失／出資口の低額譲渡】

〔判示事項〕

⑴　納税者らは、有限会社の出資口の売買代金額がその実際の価値に見合った適正な金額であり、納税者が贈与税を課されることはないと誤信していたからこそ売買契約を締結したこと、また、当該売買契約において、出資口の実際の価値及び納税者が贈与税を課されないこと

が納税者らにとって重要な要素であったことなどに照らせば、納税者らの間では、当該売買契約の動機に関わる、納税者が多額の贈与税を課されないとの認識が、少なくとも黙示的に表示されているといえ、納税者らの誤信は売買契約の意思表示についての錯誤に当たるとされた事例（原審判決引用）

(2)　納税者らは、有限会社の出資口の売買契約を締結するに当たり、売買代金額や贈与税を課されるか否かについて、税理士等の専門家に相談するなどして十分に調査、検討をすべきであったにもかかわらず、税理士等の専門家に相談するなどしなかったという点において、過失のあることは否定できないが、出資口の売買代金額等につき一応の調査、検討はしているのであるから、当時の納税者らの置かれていた立場や年齢をも考慮すると、納税者らの上記懈怠が著しく不注意であって重大な過失であると認めることはできないとされた事例

(3)　錯誤によって何らかの契約を締結した者が、錯誤に気づかないうちに法定申告期限を過ぎてしまった場合に、課税庁に対して、当該契約の錯誤無効を主張し得ないとすれば、民法95条が錯誤無効により表意者を保護しようとした趣旨が没却されることになり、不合理というべきであって、そのような場合には、租税法律関係の安定の要請よりも表意者保護を優先すべきであるとの納税者らの主張が、安易に納税義務の発生の原因となる法律行為の錯誤無効を認めて納税義務を免れさせたのでは、納税者間の公平を害し、租税法律関係が不安定となり、ひいては申告納税方式の破壊につながるから、納税義務者は、納税義務の発生の原因となる私法上の法律行為を行った場合、当該法律行為の際に予定していなかった納税義務が生じたり、当該法律行為の際に予定していたものより重い納税義務が生じることが判明した結果、この課税負担の錯誤が当該法律行為の要素の錯誤に当たるとして、当該法律行為が無効であることを法定申告期間を経過した時点で主張することはできないと解するのが相当であるとして排斥された事例

(4)　国税通則法施行令6条1項2号（更正の請求）にいう「やむを得ない事情」とは、例えば、契約の相手方が完全な履行をしないなどの

客観的な事情に限定されるべきであって、錯誤のような表意者の主観的な事情は含まれないと解するのが相当であるところ、本件の場合、納税者らは、有限会社の出資口の売買契約の締結により多額の贈与税が課されることにつき錯誤に陥っていたものであって、もとより納税者らの主観的な事情に基づくものであるから、国税通則法23条2項3号、同法施行令6条1項各号に該当しないことが明らかであるとされた事例

(5)(6)　省略

　申告期限前の錯誤に関しては認められると思われます。この際上掲通達の要件を充足しているかについて所轄税務署に確認すべきです。

　なお「合意による取り消し」を理由として取消登記を行った場合は、通達の「5」ではなく「11」及び「通達の運用について」の「4」が適用されることになります。この場合、原則として贈与税課税になり、「例外的に」税務署長が認めた場合は非課税ということになります。

　ここで問題になるのは「合意による取り消し」であっても取消登記さえ贈与税申告前に完了していれば、「非課税」と扱われるかという論点です。

　この点、「合意による取り消し」であれば、「過誤に基づき」ではないため、税務署長が認めた場合に限られます。筆者自身の実例として（裁決・裁判例ではありません）親族間における不動産の贈与の取り消しについて、贈与税の申告期限「後」でしたが、税務署に相談したところ、贈与税を課税しないとの結論を得たことがあります。ただし、（今回の贈与は不動産であったので）「所有権更正登記」又は「真正な登記名義の回復」による登記を行い、登記簿謄本を送付するよう求められています。

第 V 章

不動産
に係るエビデンス

Ⅴ−1　不動産と資産税についてのエビデンス

Q 不動産と資産税についてエビデンスとして考えられるものを教えてください。

A 一般的な証拠は、総論で述べた資料で足ります。ここでは、それの補足としての証拠を検証します。

【解　説】

　下記の裁決は航空写真が証拠として提出されています。

○固定資産税等の税額変更処分／航空写真による家屋の増築時期の推測
（令01−07−19裁決　一部取消し　TAINSコードＦ０−７−030）

　本件は、処分庁が、請求人自宅家屋の増築部分（本件家屋）につき、その建築年を平成26年と認定して、請求人等に対する平成27年度分から平成30年度分までの各年度に係る固定資産税等の税額変更（賦課決定）処分（本件各処分）を行ったところ、請求人が、「平成26年に増築したと主張する行政側の事実認定疎明資料が存在せず、増築年月日の事実認定が成されない上での課税は納得出来ない」等と主張し、本件各処分の取り消しを求めた事案です。審査庁（相模原市長）は次のとおり判断し、平成27年度分に係る上記処分を取り消しました。

　平成26年１月12日に撮影された航空写真には本件家屋が写っていないが、平成27年１月３日に撮影された航空写真には本件家屋が写っていること、また、処分庁が相模原市行政不服審査会に提出した平成27年11月27日時点における外観写真から、平成27年11月27日に本件家屋が課税要件を満たしていたことについては確証を得ることができる。
（※下線筆者）

　これに対し、平成27年１月１日時点で課税要件を満たしていたこと

について確認できる外観写真については、処分庁からは提出されなかったこと等から、賦課期日である平成27年１月１日時点で本件家屋が課税要件を満たしていたとの確証は得られず、（※下線筆者）本件家屋は、平成26年中に建築されたことについては推測の域を出ない。

　航空写真は一般的には境界確定訴訟において筆界、公法上の境界を判断、再現するための証拠として利用されます。課税時期前後において増改築について事実認定に着地することが予想できそうな場合、現地写真の補完として航空写真を入手します。

Ⅴ－2　借地権についてのエビデンス

> **Q** 借地権についてのエビデンスとして考えられるものを教えてください。

> **A** 一般的な証拠は、総論で述べた資料で足ります。ここでは、それの補足としての証拠を検証します。借地権の有無等々は事実認定に着地するため、契約書や地代支払の形跡を丁寧にトレースしていく必要があります。当該各形跡がエビデンスになります。

【解　説】

下記の裁判例では他の借地権裁判例と同様に事実認定に着地しています。

○【みなし贈与／借地権の無償取得／使用貸借契約から賃貸借契約への変更】

新潟地方裁判所平成22年（行ウ）第17号贈与税決定処分等取消請求事件（棄却）（確定）平成25年1月24日判決（Z263－12137）

〔事案の概要〕

本件は、原告が、義父が所有していた本件土地について、平成16年1月31日付けで使用貸借契約から賃貸借契約に変更したところ、新潟税務署長が、上記賃貸借契約の締結による原告の借地権の取得は、相続税法9条が規定する「対価を支払わないで利益を受けた場合」に当たるとして、原告に対して、平成16年分の贈与税の決定処分等をしたのに対し、原告が利益を受けていないと主張して、その全部の取消しを求めた事案である。

〔当事者の主張〕

○納税者の主張

原告には、以下の事情が存在し、本件賃貸借契約は使用貸借契約に近

似したものといえるから、本件借地権の評価に当たり、評価通達に定める評価方式によらないことが正当として是認されるような特別な事情がある。したがって、本件借地権には経済的な価値はなく、原告に相続税法９条にいう「利益」は存在しないから、本件各処分はいずれも違法である。

　原告と乙は嫁婿と義父の関係にあり、昭和57年から平成16年１月まで本件土地を無償使用させるような家族関係にあった。

　原告は、平成16年２月以降乙に対する感謝の念から月額７万円の賃料を支払うことにしたにすぎず、両者において、借地権という経済的価値の発生を予定せず、その価値を贈与するという認識を有していなかった。

　原告は、乙死亡後、本件土地を相続した丙との間で、その利用形態を変えることなく、本件土地を無償使用している。

　本件賃貸借契約書作成から無償使用に戻るまで本件賃貸借契約に基づいて本件土地を使用した期間は９か月半にすぎない。

　本件賃貸借契約書作成前後において、本件土地の用途に変更はなく、第三者への借地権の譲渡等は全く想定されていなかった。

○課税庁の主張

　借地権は、原則として評価通達に従って取得時の時価によりその価額を評価する。ここでいう時価とは客観的交換価値をいうから、個別具体的な事情があることによって、当該財産の評価額と客観的な交換価値が乖離する結果を招く場合に限り、評価通達に定める評価方式によらないことが正当として是認されるような特別な事情として考慮し、評価通達による評価によらず他の合理的な評価方式によることが許される。

　本件において原告が主張している事情は、家族の内部関係、当事者の感情、契約内容とは関係のない関係者の認識など、いずれも極めて主観的かつ個人的な事情に過ぎず、本件土地の客観的な交換価値に影響するものではないから、上記特別な事情には該当しない。

　本件土地は借地権取引の慣行がある地域に所在するから、本件借地権の価額は評価通達27本文によって評価すべきである。そして、原告は

本件賃貸借契約によって上記価額に相当する経済的利益を受けたこととなる。

〔判断〕

　評価通達に定められた評価方法を画一的あるいは形式的に適用することにより、客観的交換価値とは乖離した結果を導き、そのため、実質的な租税負担の公平を著しく害し、法の趣旨及び評価通達の趣旨に反することとなるなど、評価通達に定める評価方式によらないことが正当として是認されるような特別な事情がある場合は、評価通達とは別の評価方式により時価を評価することも許される（同旨・東京地裁平成4年3月11日判決・判例時報1416号73頁、その上告審最高裁平成5年10月28日第一小法廷判決・税務訴訟資料199号670頁）が、かかる事情がない限りは、評価通達に定められた評価方式によって当該財産の時価を評価すべきである。

　賃貸借契約の締結にあたり、原告と乙との間で権利金その他の一時金が支払われていないこと、賃貸借契約は建物所有を目的とすることからすると、原告は、対価を支払うことなく借地権（本件借地権）を取得したものと認められる。（※下線筆者）

→

　権利金一時払いもしくは相当の地代（改訂方式、非改訂方式）、通常の地代と無償返還届出書、もしくは使用貸借と無償返還届出書、定期借地権のいずれかが一般的ですが、証拠として原始契約書と実態が合致していることが必要です。

　対価が高額になるため権利金一時払いもしくは相当の地代（改訂方式、非改訂方式）、を今から実行する、というケースは想定しておりませんので、それ以外の契約なら、その契約とあわせた通帳間を通した対価の支払等々、形跡を残します。なお、この形跡が古くから継続されていればいるほど証拠力は高まります。

　原告は、賃貸借契約は義父である乙から本件土地の無償使用を許され

ていたことに対する感謝の念から賃料を取り決めたにすぎず、使用貸借契約に近似する旨主張する。

　しかし、認定事実によれば、

・原告は乙との間で賃貸借契約書を取り交わしていること、★

・土地上の建物について原告名義で保存登記されていること、★

・期間は20年間で建物所有を目的とすること、★

・地代は月額７万円であり、近隣の地代の額を参考にして決定していて、本件土地の固定資産税額を大きく上回ること、★

・原告は同地代を現実に支払って本件土地を使用していたこと、★

・丙を含む乙の法定相続人は、乙に係る相続税申告に際し、本件土地を貸宅地とし、借地権割合50パーセントを控除した額で申告していること、★

・原告はその本人尋問において、丙（原告の妻）が本件土地を相続しなかった場合に対する不安もあったなどと述べていること（※下線筆者）

を総合すれば、

→

　事実認定における★は租税実務では頻出事項となります。シリーズ〈法人編〉の分掌変更通達のイメージと同じですが、証拠は★を「しないこと」を形跡として残すこと、となります。★をしていなかった、現在に至るまでしていないという形跡が累積すればするほど証拠力は高まります。

・乙が原告の義父であり、原告が賃貸借契約の締結前に本件土地を長期間無償で使用していたこと、

・賃貸借契約の締結後も本件土地の用途に変更がなかったこと、

・賃貸借契約に基づく使用はわずか約９か月にすぎないこと、★１

・原告に借地権を譲渡する意思はなかったこと等

　　原告が主張する事情を考慮しても、本件借地権は借地借家法の保護を受ける借地権であると認めるのが相当であって、使用貸借契約に近似したものと認めることはできない。（※下線筆者）

→

　先述において形跡の累積が必要と述べていますが、★1のような事実
認定がなされるからです。

　そうすると、原告が主張する諸事情によっても、本件借地権の時価の
評価について、本件借地権を使用借権と評価しなければ本件借地権の客
観的交換価値と乖離するなど評価通達に定める評価方式によらないこと
が正当として是認されるような特別の事情があるとは認められず、その
他、かかる特別の事情を認めるに足りる証拠はない。
　以上によれば、本件借地権の価額の評価は、評価通達の定める評価方
式によるべきである。認定事実のとおり本件土地は借地権の取引慣行が
ある地域にあるから、評価通達27本文を適用し、平成16年分に係る本
件土地の自用地としての価額2,542万3,440円に借地権割合50パーセン
トを乗じた1,271万1,720円が本件借地権の価額となる。
　したがって、原告は、相続税法9条によって、賃貸借契約締結時に本
件借地権の価額である1,271万1,720円に相当する利益を贈与により取
得したものとみなされる。

第 VI 章

取引相場のない株式
に係るエビデンス

Ⅵ－1　同族特殊関係者に係るエビデンス

> **Q** 同族特殊関係者に係るエビデンスとして考えられるもの
> を教えてください。

A 相続対策や事業承継対策として同族特殊関係者を操作すると
いう典型的な手法があります。これに係る裁決・裁判例は累積
されており、事実認定に着地します。ここでの主題は証拠に係る検証
ですのでプランニングやスキームの是非については極力触れません。
　相続対策や事業承継対策として一貫していえるのは経済的合理性の
「見える化」です。当局では総則6項の運用体制が整備されているよ
うですが[23]、それへの目配せは当然として、何の取引をするにも経済
的合理性に沿ったものかを検証し、それを文書化し、さらに実体化し
なければなりません。

【解　説】

　下記も事実認定に着地します。証拠として必要なもの、先述のとおり
「しないこと」が証拠になること、について検証します。
　実質支配してきた、という認定方法は頻出になります。
　平成23年9月28日裁決や、東京高裁平成27年4月22日判決は非常に
有名でかつ分かりやすいものになります。
　経営者株主グループと同一の議決権行使に同意していると認定された
法人株主の議決権を、経営者株主グループに合算するという税務署処分
を容認したのがこれらの裁決・裁判例です。
　オーナー関係者の株主グループが14.98％の株式を保有している会社
があり、その会社と同じ住所に所在している会社が7.88％を保有、そ
れ以外の株主は皆30％未満という株主構成の会社がありました。同族
株主のいない会社だと判定し、オーナーが死亡したときに、当初相続税

23 「週刊 税務通信」（税務研究会）NO.3719 〜 NO.3721号にかけて紹介されている。

申告において、当該株式を配当還元で評価しています。

　当局調査において、同じ住所に所在している7.88％保有の法人について、オーナーの単なる操り人形に過ぎなかったと事実認定され、そのオーナー関係者のグループが持っている14.98％と会社の7.88％を合算することになり、その結果、同族株主のいる会社に該当し、配当還元ではなくて相続税評価額（原則）を適用せよ、と判断がなされました。

重要情報1

（取引相場のない株式の評価）

　請求人が相続により取得した取引相場のない株式は、「同族株主以外の株主等が取得した株式」には該当しないことから、配当還元方式で評価することはできないとした事例（平23－09－28公表裁決）

《ポイント》

　本事例は、取引相場のない株式の評価に当たり、同族関係者の範囲について、法人税法施行令第4条第6項の規定の適用を受けることから、「同族株主以外の株主等が取得した株式」に該当しないと判断したものである。

《要旨》

　請求人は、評価会社であるJ社は、同族株主がおらず、また、J社の株主であるK社は請求人の同族関係者ではないから、請求人とその同族関係者の議決権割合が15％未満となるので、請求人が本件被相続人からの相続により取得したJ社株式（本件株式）は、配当還元方式により評価すべきである旨主張する。

　しかしながら、①K社の設立経緯、資産内容、人的・物的実体及び株主総会や取締役会の開催状況からすると、K社の出資者がJ社の経営や意思決定に関心や興味を有していたとは考え難く、また、②K社の出資者は、いずれもJ社の役員等であり、J社を退社した後は、K社の出資者たる地位を失うことになっていたこと並びにK社の出資者及び出資の譲受人は本件被相続人にその決定権があったものと認められることからすると、K社の出資者がJ社の代表取締役であった本件被相続人の意に

沿った対応をすることが容易に認められること、③そして、Ｋ社は、本件被相続人死亡後開催されたＪ社の取締役を選任する重要なＪ社の株主総会において、Ｋ社が所有しているＪ社の株式に係る議決権を、Ｋ社の出資者でも役員でもない請求人（本件被相続人の妻）に委任していることからすれば、Ｋ社は本件被相続人に代表されるＪ社の創業家の強い支配下にあり、Ｋ社の出資者は、同社の意思決定を、いずれも、本件被相続人及び請求人に代表されるＪ社の創業者一族の意思に委ねていたものと認められるから、Ｋ社の株主総会等における議決権の行使についても、Ｊ社の創業者一族の意思と同一の内容の議決権を行使することに同意していた者と認めるのが相当である。

　そうすると、請求人は、法人税法施行令第４条《同族関係者の範囲》第６項の規定により、Ｋ社の株主総会において全議決権を有し、かつ、Ｋ社の唯一の出資者であるとみなされることから、同条第３項により、Ｋ社を支配していることとなって、同条第２項により、Ｋ社は請求人と特殊関係にある法人に該当するので、請求人の同族関係者に該当することとなる。そうすると、Ｊ社における請求人とその同族関係者の議決権割合は15％以上となるから、本件株式を配当還元方式で評価することはできない。

重要情報2

事実認定

（判断抜粋）

「ロ　本件被相続人のＫ社への本件株式譲渡について

　本件被相続人は、上記イの（ロ）のＡのとおり、持株比率を15％未満とすることを望んでおり、相続税対策の一環として、本件被相続人一族の持株比率を15％未満として、同人が所有する本件株式の相続税における評価方法を配当還元方式とするため、同人の所有する本件株式を、同人及びその一族が出資者となっていないＫ社に譲渡することとし、また、本件株式の取得資金のないＫ社に対しては、同人が代表取締役であるＧ社から貸付けを行うことにより、本件株式の譲渡をするに至った。

ハ　K社の出資者について

（イ）　K社の出資者は、別表3（省略）のとおりであり、いずれもJ社の役員又は従業員である。

（ロ）　K社の定款には、以下の定めがある。

A　第6条　当会社の株式を譲渡により取得することについて当会社の承認を要する。

B　第7条　当会社は、相続その他の一般承継により当会社の株式を取得した者に対し、当該株式を当会社に売り渡すことを請求することができる。

（ハ）　K社の出資者は、J社を退社した際には、K社の株式に関する権利を失う旨の説明を受けていた。★

（ニ）　K社の出資者は、K社との間で、J社を退職する場合は、退職日をもって、K社が指名した者に1口1,000円（額面）で、K社の持分を譲渡する旨合意し、合意書を作成していた。（※下線筆者）★

ニ　K社の組織等について★1（★1は下記（イ）～（ト）まで全て）

（イ）　K社は登記簿上、J社と同じ場所に本店をおいている。

（ロ）　J社の建物に、K社独自のスペースや、K社独自の机等備品はない。

（ハ）　K社の取締役は、設立以降、いずれもJ社の役員又は従業員である。

（ニ）　K社が雇用している従業員は存在しない。

（ホ）　K社においては、本件被相続人の死亡する前も死亡した後も株主総会等や取締役会が開催されたことはなかった。

また、K社の出資者から、株主総会等の開催を要求されたこともなかった。

（ヘ）　K社の取締役は、K社から役員報酬を受け取っていなかった。

（ト）　K社は、特段の事業を行っていなかった。（※下線筆者）

ホ　K社の収益等について

（イ）　K社の損益計算書によると、K社の収入に占める本件株式の配当金の割合は、平成21年2月期末が約93％及び平成22年2月期末

が約94％である。

（ロ）　K社の貸借対照表によると、K社の総資産に占める本件株式の
金額の割合は、平成20年2月期末が約84％、平成21年2月期末が
約84％及び平成22年2月期末が約83％である。

ヘ　J社の株主総会等における議決権行使について

（イ）　J社は、本件被相続人の生前は株主総会等を開催したことがな
く、その死亡後においても、平成21年11月24日の臨時総会まで、
株主総会を開催したことがない。★

（ロ）　平成21年11月24日、K社は、J社の株主総会におけるK社の
議決権の行使を、請求人に委任した。★

なお、上記委任について、K社の出資者に対する説明はなかった。

（ハ）　請求人は、K社の出資者になったことも役員になったこともな
い。（※下線筆者）」

★1　下記（イ）〜（ト）まで全てに該当する法人は多いと想定されます。
2以上の法人を有する場合、形式要件としての★1についても「しな
いこと」が証拠となります。

重要情報3

【みなし贈与／同族会社に著しく低い価額で出資持分の譲渡があった場
合／出資の評価】

東京高等裁判所平成26年（行コ）第457号各贈与税決定処分取消等請
求控訴事件

平成27年4月22日判決（Z265－12654）

〔判示事項〕

本件は、g（控訴人mの母、控訴人nの祖母）が自己が有していたC
社出資の全部をr社及びt合名会社に譲渡したところ、芝税務署長が、本
件各譲渡が時価より著しく低い価額の対価でされたもので、その結果い
ずれも同族会社であるr社の株式及びt合名会社の持分の価額が増加した
ことから、その株主等である控訴人らは相続税法第9条にいう「対価を

支払わないで」「利益を受けた」者と認められ、同条により、上記の価額が増加した部分に相当する金額を控訴人らがｇから贈与により取得したものとみなされるなどとして、贈与税の決定処分等を行ったことから、控訴人らがその取消しを求める事案である。

　控訴人らは、相続税法第９条の「利益」は資本等取引に起因する利益であることを要し、相続税法基本通達９－２⑷のような損益取引による利益はこれに当たらないと主張する。

　しかし、相続税法第９条の「利益」が法文上その発生原因となる取引を限定していると解すべき理由はない。また、相続税法基本通達９－２⑷は、同族会社に対し時価より著しく低い価額の対価で財産の譲渡をした場合、その譲渡をした者と当該会社ひいてはその株主又は社員との間にそのような譲渡がされるのに対応した相応の特別の関係があることが一般であることを踏まえ、実質的にみて、当該会社の資産の価額が増加することを通じて、その譲渡をした者からその株主又は社員に対し、贈与があったのと同様の経済的利益を移転したものとみることができるから、株式又は出資の価額増額部分に相当する金額を贈与によって取得したものと取り扱う趣旨と解されることは、原判決が説示するとおりである。

　このような趣旨からすれば、控訴人らの主張するような取引による区別をする必要はないというべきである。

　r社の取引先である13社のＣ社出資取引に係る判断については、本件13社がいずれも有力酒造会社等であり、r社がその商品の重要な販路となる酒類等の大手卸売会社であるという特殊な個別的関係に基づき、将来にわたるｒグループとの取引関係の維持又は強化という売買目的物の客観的交換価値とは別個の考慮要素が反映され、Ｃ社の支配継続を望む先代ｙ及び控訴人ｍらの意向に沿って、購入や売却の取引に応じていたものであって、控訴人ｍ及びその同族関係者の意向に反するような持分権者としての権利行使をする意図は終始なかったと推認することができる。（※下線筆者）

　したがって、このような特殊性を有するt合名会社と本件13社との間

のC社出資の売買取引をもって、目的物の客観的な交換価値に即した売買実例として適切と認めることはできず、同取引における1口5,000円の価格をもって、C社出資の本件各譲渡時の時価でということはできない。

　控訴人らは、控訴人m及びt合名会社においてC社を実質的に支配するような関係にはなく、本件において評価通達の定める評価方式以外の評価方式によるべき特段の事情はないなどとして、C社を控訴人m及びt合名会社の同族関係者に当たるとした原判決を論難する。

　しかし、C社の設立から本件13社がt合名会社に対しC社出資を売却するまでの経緯等の原判決が説示する事情に照らせば、C社は設立以来控訴人mと先代y、g及びt合名会社が実質的に支配してきたものと認められる。（※下線筆者）

　このような事実関係を踏まえると、C社出資の扱いにおいて評価通達188(1)等を形式的に適用することはかえって同通達188及び同通達188－2の趣旨にもとる結果となるから、同通達の定める評価方式以外の評価方式によるべき特段の事情があり、C社は控訴人m及びt合名会社の同族関係者に該当するというべきことは、原判決が説示するとおりである。

　評価通達185ただし書の適用について控訴人らは、C社は控訴人m及びその同族関係者によって実質的に支配されていたものではないとして、C社出資の評価に当たり評価通達185ただし書の定める評価方法を適用すべき旨を主張する。

　しかし、関係証拠によれば、C社は控訴人m及びその同族関係者によって実質的に支配されていたと認められることは、上記のとおりである（※下線筆者）から、控訴人らの上記主張はその前提を欠く。

　以上によれば、控訴人らの請求をいずれも棄却した原判決は相当であって、本件控訴はいずれも理由がないから、これを棄却することとする。

　地裁（原審）で詳細な事実認定をしており、それらを「しないこと」

が証拠ととなります。非常に長文になるため、ＴＡＩＮＳコードＺ264
－12556、平成26年10月29日判決を参照してください。

　なお、一般社団法人、一般財団法人、各種持株会でも同様のことがい
えます。実質支配下にあったかの認定プロセスは同様となります。

　持株会が機能していない場合、同族特殊関係者間代表（直系オーナー
であることが多いです）の持分に持株会持分が加算されてしまう、とい
う当局指摘も従来、租税実務の現場では頻出です。それに至る事実認定
プロセスは平成23年９月28日裁決と近似が通常です。

　従業員持株会については、今から組成する、という方はほとんどいな
いと思われますが、相続対策、事業承継対策を念頭にどうしても組成し
たい、という方は細心の注意をしながら証拠を形成する必要があります。

　・前提としてなぜ、いま、従業員持株会が必要であるのかの経済的合
理性を完備した文書を用意

　・節税効果の検討資料は当局調査の念査項目となり得る

　・持株会は絶対に機能させる（維持、管理等々自身が実働している）
必要がある、運営、管理、維持を自身でしていることに関する全ての証
拠が必要

　下記は一例（全体の一部）となります。

【従業員持株会発起人会兼設立総会議事録】

　　令和○年○月○日午前10時00分より、株式会社○○○○本社会議室において、末尾記載の５名の出席のもと、○○○○従業員持株会の設立について討議した。

　　○○○○より、従業員持株会の設立の趣旨及び従業員持株会の概要を説明したところ、出席者の全員が賛成し、会員となることを約したので、出席者は改めて○○○○を議長に選任し、○○○○従業員持株会の設立に関する審議に入った。

　審議事項
1　○○○○従業員持株会規約及び細則の制定に関する件

　　議長より、別紙の○○○○従業員持株会規約及び細則案につき説明がなされ、その賛否について議場に諮ったところ、満場異議なく、原案通り可決決定した。

2　役員選任に関する件

　　議長より、規約附則○に基づき、会員の中から理事３名（内１名は理事長）及び監事１名を選任する件につき諮ったところ、次の通り選任され、被選任者はそれぞれ就任を承諾した。

　理事長　○○○○

　理　事　○○○○　理　事　○○○○

　監　事　○○○○

　　以上をもって議案の審議が終了したので、議長は午前11時30分閉会を宣言した。

令和○年○月○日

　　　　　　　　　　　　　　　　出席者　○○○○　㊞

　　　　　　　　　　　　　　　　　　　　○○○○　㊞

　　　　　　　　　　　　　　　　　　　　○○○○　㊞

　　　　　　　　　　　　　　　　　　　　○○○○　㊞

　　　　　　　　　　　　　　　　　　　　○○○○　㊞

【従業員持株会設立契約書】

1　我々、株式会社○○○○の従業員は、○○○○従業員持株会を結成し、別紙規約及び細則の定めるところに従い、従業員持株会会員の資産形成に資するため、同会員の拠出金をもって○○○○株式への共同投資事業を行うことを規約する。

2　本会を運営するに当たって、役員として会員の中から次の通り選任し、それぞれ就任を承諾した。
理事長　○○○○
理　事　○○○○　理　事　○○○○　監　事　○○○○

3　上記契約を証するため、会員全員が署名・捺印をする。

令和○年○月○日

会員　〒100-0000
東京都○○市○○××
○○○○　㊞

会員　〒100-0000
東京都○○区○○町××
○○○○　㊞

会員　〒100-0000
東京都○○区○○町××
○○○○　㊞

会員　〒200-0000
神奈川県○○区○○町××
○○○○　㊞

会員　〒200-0000
神奈川県○○区○○町××
○○○○　㊞

【募集説明書】

従業員持株会入会のご案内

　このたび、従業員の皆さまの長期的な資産形成と福利厚生の一環として、○○○○従業員持株会を発足させることになりました。

　従業員持株会は、毎月の定額の給与控除、積立により、○○○○株式会社の株式を購入する仕組みで、少ない資金で株の取得が可能です。また、会社の一層の業績向上に自ら参加でき、ご自身の資産形成にもつながる制度です。

　この機会にぜひご入会され○○○○株式会社の株主になられるようお勧め致します。

申込期間　　令和○年○月○日～令和○年○月○日

申込方法　　「入会届」を総務担当へ提出してください。

申込口数　　1口（1,000円）から50口（50,000円）まで

積立開始　　受付月の翌月から積立を開始します。

【社内報（例）】

総務（○）第○○号

令和×年×月×日

○○部○○課　御中

総務部長

○○○○　　㊞

従業員持株会の設立のお知らせ

　このたび、従業員の皆さまの長期的な資産形成と福利厚生の一環として、○○○○従業員持株会を発足させることになりました。

　入会届等を各部に回覧いたしますので、入会を希望される方は、必要事項を記入のうえで、総務部担当者へご提出くださいますようお願い申し上げます。

　持株会に限っていえば株主総会議事録や取締役会議事録よりもこういった内部文書を作成し実際にいつからいつまで掲示や配布、掲示や配布終了後は保管、という流れのほうがよほど大切です。できれば、社内メール、社内ＳＮＳ等で「全員に周知させた」という事実が極めて重要です。

【名義書換請求書】

令和×年×月×日

株式名義書換請求書

○○○○株式会社
代表者代表取締役　○○○○殿

○○○○従業員持株会
理事長　○○○○　㊞

　○○○○が○○○○従業員持株会に入会するに伴い、下記貴社株式を○○○○従業員持株名義に書き換え致したく、請求致します。
記
名義書換請求株数　○,○○○株

以上

　これは持株会に限らず株式異動があった場合、必ず用意が必要です。

（参照）高額譲渡について

　高額譲渡については裁決、裁判例はほとんどありません。

　当局調査において、「高額」取引に関しては指摘してこないことがほとんどです。したがって本書では詳細解説は割愛しています。

　相続税法９条「その他の利益の享受」は、「対価を支払わないで…利益を受けた場合においては、当該利益を受けた時において、当該利益を受けた者が、当該利益を受けた時における当該利益の価額に相当する金額…を当該利益を受けさせた者から贈与…により取得したものとみなす」と規定しています。

　したがって、高額譲渡の場合も、その高額部分について贈与税が課税されることになります。

　代表的なものとして競走馬の譲渡価額のうち正常価額を超える部分の金額は贈与に当たるとした裁決事例（昭59.8.23裁決・裁決事例集№28―281頁）があります。

　しかし、かなり特殊な事例であり、先例とは考えられません。もちろん今後も高額取引に関して一切の課税処分を受けない、という保証はありませんので、

（証拠）

・同族特殊関係者間取引であれば取引価格の客観性を証明できる資料を準備しておくこと[24]

24　同族特殊関係者間における譲渡に係る税務上の適正評価額

Ⅵ－2　個人間の税務上の適正な自社株評価額

> **Q** 個人⇒個人間の税務上の適正な自社株評価額についてご教示ください。

A 相続・贈与・遺贈・譲渡の各場面で適用される株価は異なります。また誰から誰へ、でも利用される株価は変わります。

　個人→個人、個人→法人、法人→個人、法人→法人と4別されますが、すべて一方通行でそれぞれの場合で判定していきます。

【解　説】

　税務上の適正評価額は「譲受人ベース」での「譲受後の議決権割合」で判定します。原則が相続税評価原則、例外が配当還元方式です。相続・贈与・遺贈と同様の考え方をとるからです。みなし贈与認定は適正時価の約80％程度をきるくらいです。

　なお、判定は下記の図表に従います（以下、判定に関して下記の図表を使うことは全て共通）。

区分	株主の態様				評価方式
同族株主のいる会社	同族株主	取得後の議決権割合が5％以上の株主			原則的評価方式
		取得後の議決権割合が5％未満の株主	中心的な同族株主がいない場合		
			中心的な同族株主がいる場合	中心的な同族株主	
				役員である株主又は役員となる株主	
				その他の株主	配当還元方式
	同族株主以外の株主				

区分	株主の態様			評価方式
同族株主のいない会社	議決権割合の合計額が15%以上の株主グループに属する株主	取得後の議決権割合が5％以上の株主		原則的評価方式
		取得後の議決権割合が5％未満の株主	中心的な株主がいない場合	
			役員である株主又は役員となる株主	
			その他の株主	配当還元方式
	議決権割合の合計が15%未満の株主グループに属する株主			

Ⅵ－3　個人⇒法人間売買の税務上の適正評価額

> **Q** 個人⇒法人間売買の税務上の適正評価額についてご教示ください。

> **A** 所得税基本通達59－6の規定を用います。課税上弊害がない限り配当還元方式価額での評価も可能です。

【解　説】

　税務上の適正評価額は「譲渡人ベース」での「譲渡直前の議決権割合」で判定します。原則が所得税基本通達59－6、例外が配当還元方式です。みなし贈与認定は適正時価の約80％程度をきるくらいです。

Ⅵ－4　法人⇒個人間、法人⇒法人間売買の税務上の適正評価額

> **Q** 法人⇒個人間、法人⇒法人間売買の税務上の適正評価額についてご教示ください。

A 税務上の適正評価額は「譲受人ベース」での「譲受直後の議決権割合」で判定します。原則が法人税基本通達9－1－14又は法人税基本通達4－1－6、例外が配当還元方式です。みなし贈与認定は適正時価の約80％程度をきるくらいです。

　法人税基本通達9－1－14（法人税基本通達4－1－6）又は合併比率、交換比率の算定、第三者割当増資の1株当たり価額算定等に利用されます。

・当局調査においては金額の絶対値や他の指摘事項との兼ね合いによって変わってくること
・背景に明らかに経済的合理性＞節税目的ととらえることができる租税回避意図がないことを疎明できること
等々の準備は必要です。

（参照）

税大論叢「今後の取引相場のない株式の評価のあり方」　加藤　浩
https://www.nta.go.jp/about/organization/ntc/kenkyu/ronsou/96/04/index.htm
　（一部抜粋）
「（1）株式の評価方法の見直し
イ　原則的評価方式
　　類似業種比準方式に代え、残余利益方式を導入する。また、純資産価額方式については、法人税額等相当額控除を廃止し、代わりに一定のしんしゃくを乗ずることとする。

　その上で、会社規模にかかわらず、全ての規模の会社の株式について、原則として、残余利益方式と純資産価額方式との2分の1併用方式とする。」

第 VII 章

経済的合理性・評価通達６項 の適用の是非

Ⅶ－1　納税者側が圧倒的に不利になる致命的な資料

Q 税務調査における納税者側が圧倒的に不利になる致命的な資料について教えてください。

A 裁判例における当局側の提出した証拠が参考になります。「経済的合理性＜節税目的」が全面に打ち出されている資料が証拠となったとき、原則として納税者の主張は一切通りません。

【解　説】

　代表的なものとしてここでは2例を挙げておきます。いずれも意図的に有名な事案をもとにしています。

重要情報1

〇最高裁判所（第三小法廷）令和2年（行ヒ）第283号相続税更正処分等取消請求事件（棄却）（確定）令和4年4月19日判決【土地建物の評価／節税目的で取得した不動産における評価通達6の適用の是非】Z888－2406

（一部抜粋、地裁）

（イ）

　本件乙不動産は、本件被相続人が、平成21年12月25日付けで、売主である株式会社Mから総額5億5,000万円で購入したものであった（以下、同購入額を「本件乙不動産購入額」といい、本件甲不動産購入額及び本件乙不動産売却額と総称して「本件各取引額」という。）。

　なお、本件被相続人は、同月21日付けで、訴外Eから4,700万円を借り入れた。また、本件被相続人は、同月25日付けでK信託銀行から3億7,800万円を借り入れており（当該借入れについてG、訴外E、原

告Ａ及び訴外Ｆが連帯保証をした。）、<u>同銀行がその際に作成した貸出稟</u>
<u>議書（乙14）の採用理由欄には「相続対策のため本年1月に630百万</u>
<u>円の富裕層ローンを実行し不動産購入。前回と同じく相続税対策を目的</u>
<u>として第2期の収益物件購入を計画。購入資金につき、借入の依頼があっ</u>
<u>たもの。」との記載がある。</u>（下線筆者）

　　上掲の稟議書は金融機関への反面調査ですぐに発覚します。また、金
融機関は相続対策や事業承継対策で提案書を持参することが多々ありま
すが、ほとんどの資料が節税効果を打ち出した資料になっており、経済
的合理性[25]、なぜ、その取引をその時に、実行する必要性があったかと

25　タックスプランニングに係るスキーム提案について
　金取引による消費税還付スキームが上述の税制改正前に否認された事例として最も
　有名なのは、平成29年8月21日裁決であろう。
　審判所の判断において「加えて、原処分関係資料及び当審判所の調査の結果によれば、
　■■■■■■■は、本件課税期間の消費税等などについての請求人の税務代理人で
　ある税理士が全額を出資して設立された法人で、同税理士が唯一の代表社員であっ
　たこと、同税理士は不動産投資に係る消費税還付等の不動産投資に関わる税務を専
　門的に扱っていることが認められ、これらの事情も併せ考慮すると、■■■■■■
　■の設立以後の一連の経過は、請求人について、本件支払対価に係る消費税額等の
　額の大部分の還付を受けるために、本件課税期間に課税事業者とした上で、簡易課
　税制度の適用により消費税法第33条第1項、第3項による調整を免れさせるべく計
　画的に行われたものと認められる」とある。
　事実認定の過程でその背後にいる税務代理人の商売上の属性にまで言及するのは、
　筆者はやりすぎであると考えている。納税者そしてその代理人が節税でも租税回避
　でも税コストを抑えるために何かしらの経済的合理性がある取引を起こすのは必然
　である。
　一方で、明らかに心証が、税目的＞経済的合理性になっている場合、それは逆転する。
　当該裁決に限定されないが、ジャッジ（審判官でも裁判官でも）ありきで事実認定
　する。
　上記の裁決をもって会計事務所の宣伝文句として「節税〜」を謳うのは、事実認定
　において勘案される恐れがあり不利になるから、会計事務所にとって危険との見解
　も見受けられるが、それはない。節税はどこの会計事務所も行っている。租税回避
　と結果として認定される恐れがあるスキームも策定する事務所もあるだろう。
　しかし、それが経済的合理性＞税目的の関係性が成立していれば、問題はない。こ
　の事案のような汎用スキームについては、消費税還付の目的以外「全く」なかった、
　結果論であるかもしれないが、事実認定においてそれを強調するのに「会計事務所
　の宣伝文句を利用した」程度と考える。
　会計事務所がタックスプランニング、スキームを提示する場合に留意すべきポイン
　トは、当該提案書はあくまで経済的合理性があったものとしてエビデンスを残すこ

いう、いわゆる理論武装やストーリーを用意してきません。必ず用意させることが必要です[26]。

重要情報２

○東京高等裁判所令和元年（行コ）第198号法人税更正処分等取消請求控訴事件（棄却）（上告及び上告受理申立て）令和元年12月11日判決【ＴＰＲ事件／特定資本関係５年超要件を満たす合併における法法132条の２の適用】TAINSコードＺ269－13354

（一部抜粋、地裁）

（カ）

小括

以上のとおり、原告は、経理部から吸収合併スキームが提案された時点においても、旧Ｂ社の有する未処理欠損金額の全てを原告に引き継ぐという税負担減少を主たる目的として本件合併を企図したものである上、その後、新Ｂ社の概要を決定する段階からは、旧Ｂ社の有する未処理欠損金額の全てを原告が利用するという税負担減少のみを目的として本件合併を行ったことが明らかであり、原告が本件合併の目的として主張する旧Ｂ社の損益改善は、本件単価変更を行わなければ達成できな

とである。税目的＞経済的合理性での認定は客観的事実に基づく。租税回避の主観など認定できないからである。

そういった意味で、上掲の消費税還付のような、まさにネットで一次情報が入手できるようなタックスプランニングはすでに最適な税効果を出現するためのスキームとは言えず、汎用スキームになっている時点で、その役割を終えている。汎用スキームとよばれるものを実行する場合には、税制改正の前段階で、随時、上掲のような裁決や裁判例の逐一チェックが必要となる。

26　租税法が過剰な心配をするとしたら、金融機関が「純然たる第三者」「課税上弊害がない場合に限り」に該当するかどうかである。この点、金融機関について「当該売買取引と同時期に取引銀行に対して譲渡した同株式の取引価格は、取引上の見返りに対する銀行側の期待が株価の決定に影響した可能性が十分にあるとして、客観的価額とは認められない」旨の判決もある（平成17年10月12日）。当該裁判例からは「純然たる第三者」に該当しない。しかし、本事例は金融機関が積極的に原告の相続・事業承継スキームに関わっていたことが勘案され、この結論に至った。筆者は上記裁判例は個別事例と考えている。

かったものである。また、原告が本件合併のもう一つの正当な事業目的として主張する本件事業の管理体制の強化についても、本件合併を行わずとも旧Ｂ社の行う事業を予算会議の審議の対象とすることにより達成することは可能であった。

　加えて、行為の不自然性の程度との比較の観点からみても、本件合併の合理性を説明するに足りるだけの事業目的等が存在するとは認められないことからすれば、本件において、税負担を減少させること以外に原告が本件合併を行うことの合理的な理由となる事業目的その他の事情があったとは認められない。

　内部証拠は納税者の主張となりますから、有利な方向で働くのはよいですが、上掲のように内部会議録等々であからさまに税負担軽減目的が見られれば、当局の心証は必然的に悪くなります。本件では、結果として納税者の主張が税負担軽減と捉えられるともいえ、内部証拠の記載や保全には十分な留意が必要であることがわかります。

〇経済的合理性の例
　金融機関提案の場合、金融機関に考えさせるほうがよいです。ご自身でプランニングされる方は上場企業のプレスリリースを参照したり、下記のような国税資料をもとに作成したりと、いわゆる土台を用意して、当該案件に沿った流れにすると作成しやすいです。

（例）経済的合理性の例
「2　株式交換の目的等[27]
　Ｘ社及びＹ社は、少子高齢化に伴う消費活力の減退、ネット通販の拡大を中心とする購買スタイルの変化等、顧客の消費動向が急速に変化するなか、市場シェアの確保、様々なニーズの変化を確実に捉える商品・売場・販売チャネルの提供により、顧客からの支持をより強固なものと

27　大阪国税局　文書回答事例　「別紙　持株会社を株式交換完全親法人とする株式交換における事業関連性の判定について」より抜粋

することが急務であると認識しており、本件株式交換は、共通の理念を
持つ両社が、関西圏という地域の中で多様な業種業態、取扱商品群を揃
えた総合小売サービス業グループを構築することを目的として行うもの
です。

　本件株式交換による経営統合後は、両社の保有するポイントサービス
制度を共通化して新しい顧客還元サービスを構築するほか、相互の人事
交流を積極的に図りつつ、両社グループの多様な店舗網による情報収集
力をもとにした商品開発や物流機能の相互活用などにより、総合小売業
グループ全体として強固な体制を構築することを目指しています。」

「3．ところで、持株会社の中には、単に株主としての立場のみしか有
しないような場合がありますが、ご照会の場合には、Ａホールディング
ス社は、Ｂ社及びＢ社グループの事業最適化等を踏まえた事業計画の策
定や営業に関する指導及び監査業務などの経営管理業務を行うことに
よって、単に株主としての立場のみだけでなく、持株会社としてＢ社を
含むＡ社グループ全体の財務面、監査面などを経営上監督する立場にあ
り、いわばＡホールディングス社とＢ社グループが相まって一つの事業
を営んでいる実態にあるような場合には、両社の事業は密接な関係を有
していると認められ、Ａホールディングス社の合併事業とＢ社の被合併
事業は相互に関連するものと解するのが相当と考えられます[28]。」

（平11. 6.30裁決、裁決事例集No.57　357頁）※下線は筆者
　「法人がその有する債権を放棄し又は他人の債務を負担したような場
合には、それは、一般的には経済的な利益の無償の供与に当たることと
なるから、これらの行為により生じた損失の額は、寄付金の額に該当す
るというべきである。

　しかし、法人がこれらの行為をした場合でも、それが例えば、その法
人自体の経営危機を回避するためにやむを得ず行ったものであること

28　国税庁　質疑応答事例　法人税　「持株会社と事業会社が合併する場合の事業関連
　　性の判定について」より抜粋

等、そのことについて相当な理由があると認められる場合には、その行
為により生じた損失の額は、寄付金の額に該当しないと解されている。

　また、法人税基本通達９－４－１《子会社等を整理する場合の損失負
担等》（以下「本件通達」という。）は、法人が上記のような行為をした
場合において、その行為をしたことにつきやむを得ないと認められる相
当な理由があるときは、その行為により生じた損失の額は、寄付金の額
に該当しないものとして取り扱う旨を定めたものであり、当審判所にお
いても、本件通達は合理的な取り扱いであり、相当なものと認められる。

　なお、本件通達にいう子会社等には、当該法人と資本関係を有する者
のほか、取引関係、人的関係、資金関係等において事業関連性を有する
者が含まれることとされている。

ニ　そこで、本件売掛金の減額処理が寄付金に該当するか否かについて
　検討する。

　（イ）原処分関係資料及び請求人から提出された資料並びに当審判所
　　の調査によれば、次の事実が認められる。

　　A　石油業界における石油卸売業者の特約店は、縦の取引で系列以
　　　外の商品は扱えない仕組みとなっているところ、特約店の営業状
　　　態が悪化すれば将来、請求人に負担が掛かることは社会通念上当
　　　然のことであり、業界新聞等からも価格競争が一段と激化し、石
　　　油業界の経営は、今後一段と厳しく石油スタンドの統廃合は必然
　　　的な状況にあることは十分うかがえること。

　　B　本件特約店の平成９年３月を含む事業年度の所得金額は、いず
　　　れも欠損金額であること。★

　　C　K社、L社及びM社については、売上金額、所得金額とも毎期
　　　減少しており、また、経営者の経営意欲も喪失し、今後、業績が
　　　上がることは見込めない状況にあり、事業を継続したとしても、
　　　赤字の累積、請求人の売掛債権の焦げつきが予想されること。★

　　D　N社については、経営環境が厳しい中、経営者の健康上の理由
　　　と後継者不在のため廃業予定であったところ、立地条件等からみ
　　　て将来性を見込み、請求人の従業員が代表者を引受け事業を継続

したこと。★（→筆者注：稟議書、役員ミーティング議事録等が
必要）

E　本件特約店の廃業及び代表者交替については、請求人の要請と
廃業、経営改善策の条件等が合意に達したので行ったものである
こと。

F　本件特約店の廃業及び代表者の交替に伴う支援に当たっては、
役員会に諮られ、その議事録も存在すること。★

G　本件売掛金の減額処理の決定は、当事者間でそれぞれ経済的折
衝を経て確定したものであり、請求人が本件特約店の経営支配権
を有するものではなく、かつ、本件特約店は資本系列等特殊な関
係にある取引先ではないこと。

H　本件売掛金の減額処理は、一律に基準を設けて算定しているも
のではなく、本件特約店ごとに個々に算定したものであること。★

I　申請書に基づき支援を行った本件特約店以外の特約店に対して
は、販売促進費として処理し、当該販売促進費の支払は、振込の
方法によっていること。★

J　申請書に基づき支援を行った本件特約店以外の特約店に対して
は、「経営改善支援先改善状況進捗報告」を２か月ごとに徴し、
改善状況をチェックしながら、請求人の経営判断の資料に資して
いること。★（※下線筆者）

→

（証拠）

　上記A〜Jにおいて★に代表される各書面が登場しますが、これを日
常的に作成することで証拠力は高まります。これらの累積が経済的合理
性あった各取引であったことを疎明していくのです。

　（ロ）前記（イ）の事実から、請求人が将来の石油業界の経済環境等
を踏まえ、本件特約店側の経営事情というより、請求人における総合的
経営戦略として、不採算特約店に対しては、廃業等を積極的に誘導し、

　廃業等の条件が合意に達した本件特約店については、廃業資金、経営改善資金として支援したことは、むしろ、現状打開策の一環として、経営遂行上、真にやむを得ない費用であり、客観的にみて経済的合理性を有し、社会通念上も妥当視される処理と認められる。

　また、請求人は、支援の方法として売掛金の減額処理の方法を採ったもので、実質的には債権放棄と認められ、その債権放棄をするに至ったことについては、前記（イ）の事実から債権放棄をしなければ、今後より大きな損失を蒙ることが予想され、債権放棄したことによって請求人にメリットがあると判断できる。

　なお、本件売掛金の減額処理について、相当の理由があるのか否か、数値的な比較だけでなく、社会、経済環境をも十分に配慮した検討がなされるべきであるが、原処分庁の判断はこの点について明らかにされていない。

　（ハ）したがって、前記（ロ）のとおり、本件売掛金の減額処理は、請求人自らの経営改善策の一方策であり、事業遂行上、真にやむを得ない費用であり、寄付金には該当しない。

　各取引、特に金額的に重要な取引、後々事実認定ベースになりそうな取引、においてはこのような証拠を文書化しておくことが必須といえます。

　金子宏教授は「節税が租税法規が予定しているところに従って税負担の減少を図る行為であるのに対し、租税回避は、租税法規が予定していない異常ないし変則的な法形式を用いて税負担の減少を図る行為」と定義付けをした上で、「もっとも、節税と租税回避の境界は必ずしも明確でなく、結局は社会通念によって決めざるをえない（租税回避に対しては、（・・・筆者省略・・・）個別的否認規定が設けられることが多い）。」と代表的な教科書で述べられています[29]。

　租税回避は租税法において、ネガティブなイメージしかありません。

29　金子宏『租税法』（弘文堂　第23版　2019年）127〜128頁

　租税回避は脱税ではないタックスプランニングなのだから、タックスという事業コストを最小限にするための事業上の戦略という論者の意見は黙殺されます。これは「行き過ぎた」租税回避プランニングに原因があります。

　行き過ぎた、との判断は、金子教授の「社会通念」（＝常識、経験則）で判断されるものです。租税法に係る事実認定において「行き過ぎた」かどうかは、社会通念で個別具体的にジャッジされます。特に資産税については、

・個別の財産評価

・相続対策や事業承継対策

についてそれぞれ個別具体性が他税目に比較し、極めて強く、そのため事実認定になってしまう傾向があります。審判所や裁判所といった係争に限定されず、現場レベルの調査でも全く同様のことがいえます。

　なお、個別具体的な取引ではなく汎用スキームについては、行き過ぎたという社会通念が一定程度累積した時点で個別否認規定による対応がなされる傾向があります。令和４年度税制改正における節税商品封じ込めや、令和２年度税制改正における下記の改正等々は、そういった意味で典型的でした。国外中古建物の不動産所得に係る損益通算等の特例創設（大綱33頁〜）[30]、居住用賃貸建物の取得等に係る消費税の仕入税額

30　いうまでもなく会計検査院報告指摘事項であった。最近の指摘事項から税制改正された代表的なものとして下記がある。
　・2005年度　決算検査報告（2006年公表）
　　　小規模宅地等の特例（相続税の大幅な節税が可能な特例）に関する規制
　・2008年度　決算検査報告（2009年公表）自動販売機設置による消費税還付スキーム
　　　賃貸不動産などの建築取得にかかる消費税を、自動販売機設置等を利用して還付するスキームが著しく公平性を害すると指摘。2010年に改正。
　・2006年度 決算検査報告（2007年公表）
　　　定期金の評価（保険を使った相続税節税スキーム）に関する規制
　　　約1億円の個人年金保険に加入、年金受給権を35年超とすれば相続税評価額は約2,000万円となる評価額引き下げスキーム。2010年に改正。
　・2011年度 決算検査報告（2012 年公表）
　　　相続税の取得費加算に係る規制、2014年に改正。
　　　旧法では、土地を相続した際に係る相続税が１億円とする。そのうち一部でも売却した場合においても、売却した金額から全体の相続税に係る１億円を控除可能であった。

控除制度等の適正化（大綱84頁〜）[31]、子会社からの配当と子会社株式の譲渡を組み合わせた租税回避への対応（大綱88頁〜）[32]、といったものがありました。

本書は講学上の議論に一切言及しませんが[33]、最近の研究者や裁判所の租税回避に対するスタンスを概観するに、そもそも論である租税回避についての定義付けについては明確化を回避しているものが比較的増加しています。租税回避の定義付けに意味がない、と切り捨てる若手研究者もかなり多くなっています（租税回避をしたかどうかは人の心の内にあるものだから）。

これは、現行租税法に法文はないが、租税回避行為「と言えるもの」については、当該行為があった時点での法の欠缺があったまでであり、将来同じ行為が予測されるならば、個別否認規定を都度設けなさい、と要請をしているという傾向です。

では、個別否認規定が法文化されるまでは、それは法文に抵触されていないから問題ないか、といわれると、違います。先述の行き過ぎたという社会通念の累積過程の途上にあるにすぎないからです。

なお、税理士主導でのテイラーメイドではない、「汎用」節税プランニング提案（例えば、商標権スキームや固定資産税の最適化スキーム）はそもそも論として控えた方が無難ですが、仮に提案するなら下記の裁

31　いうまでもなく当該箇所は複数の節税スキームを一斉に封じ込めた。
　1）金取引による消費税還付スキーム
　2）免税期間中に高額特定資産を取得、課税期間に切り替わったところで棚卸資産の調整措置で仕入税額控除適用。その後、免税期間に戻り、高額特定資産を売却。この場合、売上げに係る消費税は納付せず、仕入税額控除相当額の還付を受けていた、というスキーム
32　日本経済新聞「ソフトバンクG、法人税ナシ　税法の盲点は」2019年6月21日、同「M&A絡む節税の抜け穴封じへ　ソフトバンクＧが発端　財務省「意図的な赤字」問題視」2019年10月20日のとおり、租税回避行為にはネガティブなバイアスをもって報道される。
33　講学上の租税回避を確認したい、またそこから発展される議論としてGAARについて確認されたい読者には下記をお勧めする。伝統的に京都大学系統の研究者の研究書が比較的多い。清永敬次『租税回避の研究』（ミネルヴァ書房　2015年）、谷口勢津夫『租税回避論』（清文社　2014年）、今村隆『租税回避と濫用法理』（大蔵財務協会　2015年）、今村 隆『現代税制の現状と課題＜租税回避否認規定編＞』（新日本法規出版　2017年）、川田剛『節税と租税回避』（税務経理協会　2009年）

決等に対する目配せは重要です。

　金取引による消費税還付スキームが上述の税制改正前に否認された事例として最も有名なのは、平成29年8月21日裁決です。

　審判所の判断において「加えて、原処分関係資料及び当審判所の調査の結果によれば、■■■■■■は、本件課税期間の消費税等などについての請求人の税務代理人である税理士が全額を出資して設立された法人で、同税理士が唯一の代表社員であったこと、同税理士は不動産投資に係る消費税還付等の不動産投資に関わる税務を専門的に扱っていることが認められ、これらの事情も併せ考慮すると、(※下線筆者)■■■■■■■の設立以後の一連の経過は、請求人について、本件支払対価に係る消費税額等の額の大部分の還付を受けるために、本件課税期間に課税事業者とした上で、簡易課税制度の適用により消費税法第33条第1項、第3項による調整を免れさせるべく計画的に行われたものと認められる」とあります。

　事実認定の過程でその背後にいる税務代理人の商売上の属性にまで言及するのは、筆者はやりすぎであると考えています。

　納税者そしてその代理人が節税でも租税回避でも税コストを抑えるために何かしらの経済的合理性がある取引を起こすのは必然だからです。

　一方で、明らかに心証が、税目的＞経済的合理性になっている場合、それは逆転します。当該裁決に限定されませんが、ジャッジ（審判官でも裁判官でも）ありきで事実認定します。

　上記の裁決をもって会計事務所の宣伝文句として「節税～」を謳うのは、事実認定において勘案される恐れがあり不利になるから、会計事務所にとって危険との見解も見受けられるが、そこは神経質になる必要はありません。節税はどこの会計事務所も行っているからです。

　汎用スキームではなくテイラーメイド型のプランニング組成が得意な事務所が租税回避と結果として認定される恐れがあるプランニングを策定する場合もあるでしょう。

　しかし、それについて経済的合理性＞税目的の関係性が成立していれば、一切の問題は生じません。この事案のような汎用スキームについて

は、消費税還付の目的以外「全く」なかった、結果論であるかもしれないが、事実認定においてそれを強調するのに「会計事務所の宣伝文句を利用した」程度と考えています。この点が汎用プランニングを件数だけ機械的にこなしている事務所とテイラーメイドに組成するプランニングをしている事務所との大きな違いになります。

　会計事務所がタックスプランニングを提示する場合に留意すべきポイントは、当該提案書はあくまで経済的合理性があったものとしてエビデンスを残すことです[34, 35]。税目的＞経済的合理性での認定は客観的事実に基づくことになります。租税回避の主観など認定できないからです。

　そういった意味で、上掲の消費税還付や現在の商標権スキーム、固定資産税最適化のような、まさにネットで一次情報が入手できるようなタックスプランニングはすでに最適な税効果を出現するためのスキームとは言えず、汎用スキームになっている時点で、その役割を終えています。

　汎用プランニングとよばれるものを実行する場合には、税制改正の前段階で、随時、上掲のような裁決や裁判例の逐一チェックが必要となります。筆者なら実行しません。

　令和4年度税制改正で封じ込められた節税商品についても一部少し形をかえ残っているようです。しかし結論は上掲と同様です。

　節税商品販売業者は、販売する際、大手弁護士法人や大手会計事務所の鑑定意見書を携え、この商品はお墨付き、と謳います。何も疑義がないなら、なぜ鑑定意見書をわざわざとる必要があるのでしょうか。筆者なら実行しません。

34　しつこいが、この点、ＴＰＲ事件（東高令和元年12月11日判決）は、税目的である組織再編成である会社内部メモの存在が裁判官の心証を悪くし、おそらくその一点だけで納税者が敗訴した（本書脱稿時点、上告提起および上告受理申立てをしている）。下級審における判示について純理論について相当な批判が多かったが、上述エビデンスの存在だけで、そして結論ありきで事実認定をしているように判示は読める。

35　この点、具体的な対応策について、伊藤俊一「Q&A 中小・零細企業のための事業承継戦略と実践的活用スキーム」（ロギカ書房　2019年）該当箇所が詳しい。

○通達課税の原則的な考え方

　講学上、租税法は文理解釈、通達はそうではない、というのが原則です。

　これにつき、最判令和２年３月24日判示で宮崎裕子先生が下記の補足意見を述べておられます[36]。

　「税務訴訟においても、通達の文言がどのような意味内容を有するかが問題とされることはあるが、これは、通達が租税法の法規命令と同様の拘束力を有するからではなく、その通達が関連法令の趣旨目的及びその解釈によって導かれる当該法令の内容に合致しているか否かを判断するために問題とされているからにすぎない。そのような問題が生じた場合に、最も重要なことは、当該通達が法令の内容に合致しているか否かを明らかにすることである。通達の文言をいかに文理解釈したとしても、その通達が法令の内容に合致しないとなれば、通達の文理解釈に従った取扱いであることを理由としてその取扱いを適法と認めることはできない。」

　講学上はさておき、課税実務は通達課税です。すなわち通達の文理解釈（通達を文理という表現がおかしいのですが）で租税実務は動きます。これにつき、通達が争点となった場合、宮崎先生は通達は原則として文理解釈ではないとして、もととなる法令の趣旨や解釈に合致しているかのジャッジをすると述べておられます。

　法令に合致しているかどうかを現場レベルで判断するのは様々な制約から不可能です。

　しかし、課税実務の現場レベルで簡単にチェックできる方法が１つあります。

　社会通念、常識、経験則です。通達を逆手にとったタックスプランニングも見受けられますが、それが社会通念上、行き過ぎた、と判断できるなら、それはすでにリスキーなスキームと想定することが可能です。

36　https://www.courts.go.jp/app/files/hanrei_jp/339/089339_hanrei.pdf

［著者紹介］

伊藤　俊一（いとう・しゅんいち）

　伊藤俊一税理士事務所代表。

　愛知県生まれ。税理士。愛知県立旭丘高校卒業、慶應義塾大学文学部入学、一橋大学大学院国際企業戦略研究科経営法務専攻修士、同博士課程満期退学。

　都内コンサルティング会社にて某メガバンクの本店案件に係る事業再生、事業承継、資本政策、相続税等のあらゆる税分野の経験と実績を有する。

　現在は、事業承継・少数株主からの株式集約（中小企業の資本政策）・相続税・地主様の土地有効活用コンサルティングについて累積数百件のスキーム立案実行、税理士・公認会計士・弁護士・司法書士等からの相談業務、会計事務所、税理士法人の顧問業務、租税法鑑定意見書作成等々を主力業務としている。

　主な著書に『新版 Q&A 非上場株式の評価と戦略的活用手法のすべて』『新版 Q&A みなし贈与のすべて』（共に、ロギカ書房）ほか、月刊「税理」にも多数寄稿。

　なお、税務に関する質問・相談を随時受け付けています。下記からアクセスし、お寄せください。

税務質問会　　　　　節税タックスプランニング研究会

税務署を納得させるエビデンス
—決定的証拠の集め方— 3 相続編

令和5年1月15日　第1刷発行
令和5年10月15日　第4刷発行

著　者　　伊藤　俊一
　　　　（いとう　しゅんいち）

発　行　　株式会社 ぎょうせい

〒136-8575　東京都江東区新木場1-18-11
URL：https://gyosei.jp

フリーコール　0120-953-431

ぎょうせい　お問い合わせ　検索　https://gyosei.jp/inquiry/

〈検印省略〉

印刷　ぎょうせいデジタル㈱　　　　　　　　　　　　©2023　Printed in Japan
※乱丁・落丁本はお取り替えいたします
ISBN978-4-324-11219-9
(3100556-01-003)
〔略号：税務エビデンス3相続〕